潘静　张勇

主编

幸福云教室：

信息技术与班级管理的智慧融合

吉林人民出版社

图书在版编目（CIP）数据

幸福云教室：信息技术与班级管理的智慧融合 / 潘静，张勇主编. -- 长春：吉林人民出版社，2024. 10.

ISBN 978-7-206-21523-0

Ⅰ . G424.21-39

中国国家版本馆 CIP 数据核字第 2024XD7692 号

幸福云教室：信息技术与班级管理的智慧融合

XINGFU YUN JIAOSHI：XINXI JISHU YU BANJI GUANLI DE ZHIHUI RONGHE

主　　编：潘　静　张　勇
责任编辑：王　丹
封面设计：姜　丽　　　　　　　　　版式设计：段莉莉
吉林人民出版社出版 发行（长春市人民大街7548号）邮政编码：130022
印　　刷：武汉市籍缘印刷厂
开　　本：710mm×1000mm　　 1/16
印　　张：14.25　　　　　　　　字　　数：230千字
标准书号：ISBN 978-7-206-21523-0
版　　次：2024年10月第1次印刷　　印　　次：2024年10月第1次印刷
定　　价：68.00元

编　委　会

做最好的自己，与最美的自己相遇

二十多年前，我初次接触电脑，那时的我还在上大学。我至今记得湖北师范大学生命科学院江娟老师对我的引导、班主任涂俊铭老师对我的教诲、计算机与信息工程学院杨杏本老师对我的鼓励。杨杏本老师在一次课件比赛中对我说："你做课件很有潜力，这次只给你评了'二等奖'，不要灰心，将技术掌握得更全面些，一定能拿到'一等奖'。"杨老师的鼓励让我信心倍增。自此以后，我对课件制作充满了激情，走上了信息技术与教育教学整合的研究之路。

毕业后，我应聘到远安一中任教，并担任班主任工作。作为青年教师的我，一边从事生物教学工作，一边进一步潜心研究信息技术与生物教学的整合。"做最好的自己，与最美的自己相遇！"这句话是我担任班主任时，远安县教育局领导对年轻教师的勉励。我下定决心做好教学与研究工作，在边教边研中寻找最好的自己。为了做好班级管理工作，我把研究重点从信息技术与教学整合转移到信息技术与班级管理整合。现在回想起来，那应该是我将信息技术融于班级管理的开端。因为我坚信：传统的班级管理与信息技术将来一定会交汇融合，齐头并进。

信息技术与班级管理的整合工作千头万绪。我首先采用康盛创想的UHOME程序创办了我的第一个应用至班级管理的SNS网站"远安人家园"。它类似于现在的QQ空间，在班内以网络社交为中心实施班级管理。那时网络还很不发达，视频录制技术也不先进，我决定从给学生拍照开始。随后，我购置了一台数码相机，先后给所带班级的学生拍了6000多张照片。拍照时，我会提前思考不同照片代表的意义，然后再进行拍摄。例如建班后全班合影，每位学生在本班教室门前留影；班委会、学委会、班干部、篮球队、寝室成员、小组组员合影；家长会期间在教室内为每位学生与家长合影；学生演讲、学生宣誓、学生生日、班团系列活动留影等等。我把这些照片发布到平台，供班内学生评论和点赞，同时再将这些照片做成能自动播放的幻灯片、班级画册、班级电子纪念册等，在班内投影上播放和展示，最后将其印刷成书或照片作为奖品奖励给学生，毕业时刻录成光盘送给学生。当时的这些做法，在班级管理与文化建设方面发挥了很好的作用，极大地增强了班级凝聚力。这些尝试，让我信心倍增，同时，也留下了一些遗憾——运用信息技术管理班级还不够自动化。

为了让信息技术更自动化地管理班级，我想到了利用程序解决问题，最好能够基于网络来实施。这之后，我尝试使用了各种不同的平台，如新浪博客、QQ空间、贴吧、微博、QQ群、钉钉等，效果都不理想。同时，也尝试了利用可二次开发的品牌代码自主研究并开发班级管理平台，后来自己设计框架请别人开发，然后基于该框架自主设计和开发班级管理的工具，依然没有达到预期效果。在这一过程中，我不断学习各种技术（如服务器管理、各种程序语言、图片制作与美化、音视频录制与剪辑、界面美工与颜色调配等），不知不觉中，我也能自主研发程序，独立完整地开发大型项目了。

2008年，时任远安县第一高级中学的宋校长引入"幸福教室"构想。在他的启发下，我决定做"幸福云教室"。2012年，微信公众号平台上线。微信拥有10多亿用户，微信公众号有庞大的用户群、具备强大的开放能力，让开发与推广APP变得非常廉价。这一次我看到了希望，果断选择使用微信公众号来创建"幸福云教室"。

2014年，我以微信公众号为平台，引入Webapp思想，利用公众号的开放能力，设计并开发出了以微擎（一种管理微信公众号的框架）应用为框架的30多款智慧工具。最早给公众号命名为"爱我班级"，粉丝量一度达到3万多人。基于该平台，我成功申请并立项了一个全国教育信息技术研究课题。2017年，我加入了宜昌市易炜德育与班主任名师工作室。从2018年9月开始，我深度参与了湖北省教育科学规划2018年度专项资助课题、湖北省教育信息技术研究2018年度重点课题《"互联网＋"环境下中小学班规实施方式的研究》的课题研究工作。在此期间，我与宜昌市远安一中副校长胡雪芹共同开发了"年级日常规管理系统"，为年级常规工作提供服务。但这些智慧工具欠缺整体规划，相互之间的协同配合还存在较大缺陷。

班级管理是一个非常系统的工程。要想让各智慧工具高效协同合作，单个单个地开发是不行的。因此，我确定了"分析典型案例 —— 提炼管理路径 —— 建立管理模型 —— 应用至班级管理各方面 —— 拓展延伸至年级、学校甚至区域管理"的五步研究思路。2018 年，我与宜昌市一中沈满弟老师进行了"互联网 + 每周之星"的项目实践，总结提炼出五条德育路径。一年后，根据实践淡化了其中一条路径，保留了四条。

2020 年 12 月，在第二届宜昌市 e 教能手网络教学能力提升培训会期间，我受湖北省电教馆研究部潘静的鼓励，决定对"幸福云教室"系统进行重构，解决各种不同工具之间协同配合的问题。经过与远安一中周继森、胡玉梅、李雪娇、曾祥松、于云姣，宜都一中章世明，夷陵中学易炜、周春华、李大高，宜昌市一中张义、沈满弟，东湖中学郭秀萍等老师反复线上和线下研讨，确立了基于"互联网 +"思维，按照班级管理模块化、班组层级的设计和开发思路，融合各类常用平台（如通过 QQ 连接学生、通过微信和钉钉连接家长和老师），在章世明、李雪娇、曾祥松老师的班级中实践应用。经过近一年的实践、开发与完善，最终于 2021 年 1 月完成了"幸福云教室"系统的框架重构。依托此系统，2021 年，我在远安县教育局领导及远安一中校长的大力支持下，在远安县教师发展中心齐家兰、秭归县信息化发展中心谭国发、夷陵中学周春华老师的倾力协助下，3 月申报湖北省教育信息技术研究课题，5 月申请软件著作权，9 月成功立项为湖北省教育科学规划 2021 年度专项课题、湖北省教育信息技术 2021 年度重点课题，课题名称为《基于"幸福云教室"微信公众号探索班级管理策略的实践研究》，同时获得国家版权局颁发的计算机软件版权登记证书。

2021 年下半年，在潘静老师的指导下，在齐家兰、余宗权、李婷婷、于云姣、章世明、张芳、李煜、望金花、冯从葵、肖娟、刘玮玮、宋镜明、谢少兰、周春华、卢晓玲、郑媛、周萌等老师的鼎力支持下，经过半年多的课题研究，进一步厘清了班级管理中的各条路径，在不断实践中进一步了解班级各角色的转变，于 2022 年 2 月 8 日着手《幸福云教室：信息技术与班级管理的智慧融合》一书的撰写。

本书共分为六章，其中第一至第三章由潘静和张勇老师合作撰写，第四章主要由张勇老师及众多的班主任负责，第五章则为详细介绍"幸福云教室"的案例，而第六章则收录了一系列技术技巧相关文章。

第一章我渴望的"幸福云教室"。从"班级管理发展的几个阶段"入手，分析"信息化平台的各种现状"，针对当前主流平台存在的一系列问题，对"我理想的'幸福云教室'"提出畅想，最后讲述"幸福云教室"的泛化，属于"幸福云教室"系统的延伸。

第二章"幸福云教室"下班级内各角色转变。在信息技术与"幸福云教室"平台的支撑下，班内各角色在思想和行为上都会发生转变。先后论述了班主任、科任教师、班干部、学生及家长的角色转变，在思想上指导班主任更好地开展工作。

第三章"幸福云教室"下信息传递与流通模式，依据"幸福云教室"系统中从管理端流向浏览端这一路径，总结提炼出 12 种信息传递与流通模式，并分析得出班级管理中信息传递与流通模式的九大特质。班主任（教师）通过了解信息传递与流通模式与特质后，能更科学有效地控制信息传递与流通，从而更好地做好班级管理工作，提升教师（班主任）工作的价值，增强教师（班主任）的成就感。

第四章"幸福云教室"下班级管理常见路径。以"每周之星"为例，分析"幸福云教室"系统下班级管理中的信息流通情况，归纳、总结并提炼出四条路径，这四条路径又分为 12 种具体的形式。针对这 12 种形式，再按照"简介、样式（电脑或手机）、使用方法、意义"四个层次来介绍和讲述。

第五章需求不同，智慧工具选择有差异。选取了一线教师在深度运用"幸福云教室"系统的各种智慧工具后撰写的 8 篇案例。另外有一篇案例属于"幸福云教室"的延伸内容，由齐家兰老师负责撰写，主要内容是面向远安县教师培训的"3X 时光成长计划"。在这个计划中，云平台类似于一间"幸福云教室"，所有参与教师相当于学生，齐家兰老师是实施者，相当于班主任。

第六章玩转"幸福云教室"的十大技巧。重点介绍深度运用"幸福云教室"系统所涉及的十大核心技术与技巧，帮助使用者全面了解系统，加深对系统的理解，在实践过程中快速上手。

"互联网+"班级管理的大幕已经拉开，我相信"互联网+"技术能够极大程度地为班级管理工作减负增效。本书部分内容结合一线班主任实践撰写，难免存在一定的时效性和局限性。"互联网+"班级管理本身是一个极富挑战的工作，也是一个不断自我创新、自我优化的过程。希望能以此书为基础，抛砖引玉，为班主任们提供一些可借鉴、易操作的"互联网+"班级管理的做法，切实帮助班主任进一步探索和实践"互联网+"班级管理，找到更具科学性和实效性的方法和路径。

坚持是一件痛苦的事情，但在研究过程中我结识了很多朋友，像江西九江廖志元，山东济南韩慧和刘铮媛，辽宁营口陈洪亮，山东威海吴兵，广东肇庆周其飘，安徽六安张承勇，湖北仙桃肖盛怀，湖北宜昌高苏艺、汪沅、秦照华、曹良选、谭国发、黄毅、周喜远、于云娇、闫春林等老师，他们给予我很多温暖和支持，让我在这一过程中痛并快乐着。

最后，再次感谢曾经给予"幸福云教室"发展鼎力支持的朋友们，感谢一直追逐那个最好的自己的我。

张勇

2022 年 2 月 22 日

目 录

第一章

我渴望的"幸福云教室"

本章共分为四个部分：第一部分是班级管理发展的几个阶段；第二部分是教育信息化发展及平台的现状；第三部分是我渴望的"幸福云教室"；第四部分是"幸福云教室"的泛化。四个部分的内容既可以独立成章，逻辑上又存在一定关联，形成一个整体。

第一节 班级管理发展阶段

20 世纪 90 年代就有"云"这个术语，当时电信企业通过资源动态调度来平衡通信应用曾被称作"电信云"。直到 2006 年，"云计算"的相关产品出现后，"云"这个术语与弹性、虚拟化等概念关联。同时也为"云计算"这个新型概念带来了明确的界定。

"云计算"是人类社会进步的必然产物。它是继个人电脑、互联网之后，信息技术的第三次革命，已经成为全球 IT 产业发展的必然趋势。"云计算"从概念和技术角度来讲都不是新鲜事物，它只是多种传统技术的综合演绎与进化。"云计算"是以应用为目的，是由行业内在需求和模式创新推动的。在工业生产方面，"云计算"实现了生产过程控制的自动化和智能化，从而提高了企业生产过程自动化水平。对教育来讲，也需要提升管理过程的自动化和智能化水平，从而提升学校管理、年级管理及班级管理的自动化水平，达到减负增效的效果。

随着现代社会的发展，尤其进入"互联网 +"时代后，无论是生活购物，还是工作沟通，"互联网 +"快捷、便利的特点对我们产生了极大的影响。在这一背景下，基于互联网云计算技术的云平台应运而生。小到一张"云奖状"，大到"云课堂""云教室""云学校"。班级管理在传统做法与新技术支撑的大背景下，也必将产生巨大变化，并且这种变化不可逆转。一般来讲，班级管理发展可能存在三个阶段，其中第三阶段又包含六个发展层次。

一、传统班级管理阶段

传统班级管理时期，主体一般是教师与学生，他们二者之间主要通过"教室"这一实体空间实现信息传递，在"教室"内通常依靠讲授与发言、黑板板书与纸质文本等方式来实现信息传递，教师尤其是班主任在班内具有绝对的威信。在此阶段，班级管理通常指教师根据一定的教育目的及要求，对班级中的各种资源进行计划，组织，协调，控制，并采用一定的手段措施，带领全班学生，以实现教育目标的活动组织过程。此过程教师主要依靠刚性的制度、温情的实践活动实现教育目标，使学生得到充分的、全面的发展，无任何信息技术引入，只在教室这一场所相应的时间内完成教育教学目标任务。

传统班级管理阶段，家长了解孩子在校情况，少之甚少，家长只能依靠家长会、家长学校、到校看望孩子等机会才能稍有了解。虽然电话、手机的出现方便了家长与老师的沟通，但由于学校作息时间的影响，信息交流和传递依然以"教室"这一具体空间为中心。

二、传统班级管理"+互联网"阶段

早期，教室里还不曾有电脑，但教师办公室里已经开始普及电脑。电脑开始辅助教师排版，编制试卷，处理许多日常教学办公事务。后期教室里引入电脑、投影仪、展台等硬件设施。虽然有些发达地区班级接入了互联网，但是教师仍仅利用这些硬件来实施教学，停留在运用电脑、投影及白板进行展示（如将课件用于授课、学生活动组织等），极少通过互联网来联通与班级相关事物，互联网实际上可有可无。此模式利用信息技术方式相当于局限在单机模式，我们可以把这个时期看成班级管理处于"班级管理'＋互联网'"时期。这一时期互联网平台运用表现出可有可无的状态，家长们依然只通过家长会、家长学校、到校找老师交流或通过电话和手机等方式，极其有限地了解学生在校情况，家校合作方式依然比较传统。

三、"互联网+"班级管理阶段

随着网络的不断普及，互联网对教育教学的影响越来越大，老师们利用互联网提升教育教学效果的意识不断增强，越来越多的老师将互联网引入教育教学，增强了教学的趣味性、生动性，提升了家校沟通的效率，促进了班级管理的效能，甚至在某些方面对互联网平台出现了一定的依赖性，如联系家长必须通过QQ、微信、钉钉群等，以提高沟通的效率。这一现象的出现，说明"互联网＋"技术相比传统做法已经表现出主导地位，标志着班级管理已经进入"'互联网+'班级管理"阶段，此阶段的发展可分为 6 个层次。

（一）"互联网+"班级管理初级层次

此阶段出现了一系列不同于电话和手机的沟通方式，而是基于个人电脑与互联网络的即时通信工具和信息互动平台。即时通信工具如 QQ、微信、钉钉等，教师可以通过这一系列的即时通信工具与家长进行高效沟通与交流。尤其是班级群的出现，它能向家长群发多媒体文本或链接性通知，极大地提高了与家长信息交流的效率，切实方便了班主任，迅速被老师们接受并加以普及；信息互动平台如博客、QQ 空间、论坛、贴吧、微博、留言本等，通过这些信息互动平台记录并发布班级动态信息，组织家长不定期访问，让家长通过这些平台了解班级动态及孩子在校情况。这种方式在一定程度上将家长有机地融入了班级，提升了家校合作的效率。在引入即时通信工具和信息互动平台后，基于"互联网+"技术实施班级管理，这对班级管理的影响是非常深远的。

随着教育教学需求的不断增长，由于各种实时通信工具或信息互动平台并不是以实现教育教学价值为目的的专业工具，它们在开发与升级过程中无法按照班级管理的有效实施路径去设计和升级，甚至某些软件一味追求新功能，堆砌新功能，导致入口复杂，连接对象不合理，信息呈现方式不合理，给老师们带来了很多不便，甚至使教师感觉过于累赘、适用价值不大，从而放弃使用这些工具。由于没有应用至教育教学专业的软件工具，导致老师们曾一度只使用群功能。当然一些善于学习的老师也能充分利用好这些工具，只是他们针对性不强，彼此又分布在不同的系统中，导致操作烦琐，实施起来不够自动化。此阶段家长的参与度较以前会深入很多。

（二）"互联网+"班级单一工具辅助管理层次

在长期经历上一阶段后，教师内心会迫切渴望一套能够实现信息互融互通，完美支撑班级管理的系统。但是，任何一款系统的设计、开发与完善不是一蹴而就的。何况班级管理工作本身是一项系统工程，班级管理过程中涉及项目太多，信息错综复杂，各种信息逻辑关联一时无法厘清，人们想通过定向设计平台以期望完美地支撑班级管理工作，在短时间内几乎是不可能的。

老师们会在各互联网平台上搜寻基于某种场景、能解决班级某项活动的功能，有选择地应用至班级管理中。甚至有些老师干脆寻找开发者开发相关工具应用至班级管理中。由于受诸多因素影响，开发的工具只能辅助解决班内某项事情或某类问题，如每周之星智慧工具配合"每周之星"活动使用，班级考核表主要应用于班级考核、在线统计信息等。这种利用网络平台上已有的功能或定向开发相对单一的功能，用于解决某项具体事情或某类问题的时期，标志着班级管理进入"'互联网+'班级单一工具辅助管理层次"。

深度运用某款智慧工具对提升班级管理效率的作用非常大，一款智慧工具足以改变整个班级的精神面貌。如这款"班级奖状墙"智慧工具，全班老师一起参与使用，一学期就能颁发1000多张奖状。一张相同内容的奖状，可以发给多位同学或全班同学。老师们每天只需花5分钟时间就能完成这一工作。这种使用云奖状的方式足以持久激励学生。"持久"与"高频"的理念，再以"奖状"为支点，并充分融入家长，使得班级管理的效果相当显著。

（三）"互联网+"班级多工具配合辅助管理层次

随着老师们使用某款工具辅助管理班级取得了较好的效果，他们便不再满足使用单一工具辅助班级管理。

老师们对班团活动研究不断深入，德育价值不断被挖掘出来，在活动开展过程中内涵不断得以延伸。这样就会导致单一工具的使用无法满足班级管理的实际需要，必须依靠多款工具相互配合。这一现象的出现标志着班级管理进入"'互联网+'班级多工具配合辅助管理层次"。

多款工具相互配合使用会推动每一款工具的升级与演变。在多款工具配合使用时，一般表现在按照活动实施流程的实际需要充分完整地体现它的管理价值或该活动需要通过技术手段多角度生成它的教育与管理价值。例如，课前读书习惯养成活动，我们首先需要使用"课前读书"这款工具针对学生课前读书习惯进行评价、记载及统计，然后通过统计表所呈现的信息，针对表现好的学生或小组颁发奖状或每周之星证书，那么只有利用"班级奖状"或"每周之星"智慧工具与"课前读书"智慧工具相互配合，才能完整地完成课前读书习惯养成的管理与评价过程。又如，高考百日誓师活动，通常依靠高考倒计时牌来延续活动的激励效果。传统的高考倒计时牌一般是纸质的，它仅含有天数倒计时信息，而"高考倒计时牌"智慧工具不仅拥有精确到秒的倒计时信息，利用多媒体技术增强倒计时牌的教育效果。更重要的是，它还能动态展示学生的励志宣言、我想对你说、高考策略及心理调适等信息，这样以"高考倒计时牌"工具为核心，在倒计时牌中增加"高考励志宣言"（实现考前加压）"我想对你说"（实现考前减压）"高考加油站"（实现从高考策略及心理调适强化考前指导）三款智慧工具配合实现"高考倒计时牌"的全部教育与管理的价值。

当然，单一工具辅助班级管理的方式将会长期存在，对于课前读书习惯养成，教师可不颁发电子奖状或不评选每周之星，给予口头评价和表扬也能达到较好的效果。高考百日誓师后，也可以只使用"高考倒计时牌"这一款智慧工具，只是多工具配合使用效果更好。

（四）"互联网+"班级管理整体方案实施层次

随着老师愈发熟练掌握各种工具的使用技术与技巧，他们会依据青少年成长的内在规律，有序地使用信息化平台中的各种工具。

班主任老师成长过程一般经历"模仿现存的做法""充分利用制度约束""注重人文关怀建设""以服务为中心"四个管理阶段。处在"模仿现存的做法"班级管理阶段的班主任一般是新手，他们一般直接依照现有具体的案例来实施各类工具；处在"充分利用制度约束"班级管理阶段的班主任，会注重班务日志和班级考核表的设计与运用；处在"注重人文关怀建设"班级管理阶段的班主任，会倾向于班级文化建设，各类班级海报会得到充分运用，通过制度来管理学生极大程度上被弱化；处在"以服务为中心"的班级管理阶段的班主任，除了充分利用班级海报外，他们还会注重课程类的工具使用，充分调动学生个体、班级团体的内在动力，使学生个体与班级团体朝自主、能动的方向发展。尤其处在第三、四层次的班级管理阶段的班主任，他们会极大程度地按照学生成长规律需要，有序选择各类工具配合班级各时期管理工作。长期使用后，他们会依据自身独特的带班风格，形成具有自身特色的"互联网+"班级管理整体方案。

（五）"互联网＋"班级管理学校整体方案实施层次

整体方案的实施，从学校角度看，管理层级应该涉及学校、年级、班级、小组及学生个体；从区域层面看，还涉及区域、不同学校以及不同学段等问题；从技术层面看，发展到此高度时，在信息服务平台中出现了丰富的信息化智慧工具，老师在一定程度上可依据个人带班风格及当前实际需要，随心所欲地选择辅助管理班级的工具。各学校依靠丰富的信息化工具，依照学校阶段性开展活动的实际需要，依据青少年身心发展的内在规律，选择特定的工具来配合学校的各级各类管理。例如，新生入校前可以选择"入校信息登记""寝室分配及信息查询""分班信息查询""入住情况"等工具；进校后使用各种习惯养成类的工具，促进学生尽快适应新的校园生活；阶段性使用激励类或文化建设类工具，帮助学生快速融入新班级；高考前我们亦可配合"高考百日誓师"使用"高考倒计时牌"这类工具。学校整体方案需针对学校所处学段、自身文化特征，不同时期依据学校文化建设及管理的需要，灵活运用各类工具，最终会形成相对稳定的隶属于该学校特定的"互联网＋"方案。学校在整体上有序使用各种工具配合学校阶段性工作的行为，标志着班级管理进入"'互联网＋'班级管理学校整体方案实施层次"。

学校考虑整体方案时，需从最基层的班级单元开始考虑，不宜先考虑学校层面再考虑班级层面，应按照从基层（班级）层面到高层（学校）层面，不断优化完善提升服务效果的规律，形成学校特定的"互联网＋"方案。

（六）"互联网＋"班级管理大数据运用层次

人的教育与评价是一项长期的系统工程，比任何一个项目都要复杂。在坚持"尊重每个人，发展每个人"的理念基础上，还涉及太多角度，如思想品德、身心健康、习惯养成及智力提升等方面，各个方面又包含若干个小的角度。随着各类工具进一步优化、升级并相互交融，一定规模的数据一定程度地沉淀在信息化平台中后，系统初期只是基于某些角度在学生成长过程中给予及时提醒，待数据足够多后，系统便能依据相关理论对学生个体或班级团体发展情况给出一定的发展性分析、评价及建议。这样的高度就是"'互联网＋'班级管理大数据运用层次"。

　　基于大数据给予相对全面的分析、评价及建议，前提是具备大数据库，大量数据依靠人工采集不太现实，所以学生日常情况记录及评价信息采集方式需要发生质的变化。在信息量足够大而全的基础上，系统再基于若干模型，如身心健康指标、智力发展水平、习惯养成规律等相关模型进行判别便能给出相对合理与公正的发展性分析、评价及建议。

　　当前信息时代，信息技术已经成为我们日常生活不可或缺的部分。而互联网更是以惊人的速度在高速发展。以网络和多媒体为核心的信息技术正在为班级管理注入了无限生机与活力，了解在信息时代班级管理的发展层次，为我们个性化设计与开发信息化工具明确方向，也为老师们在班级管理中合理高效利用技术辅助班级管理明晰了思路。

第二节 教育信息化发展及平台的现状

改革开放 40 多年，中国教育信息化取得了骄人的成就。教育信息化被学者划分为三个大阶段、五个小阶段。三个大阶段即前教育信息化阶段（1978—2000 年）、教育信息化 1.0 阶段（2001—2017 年）、教育信息化 2.0 阶段（2018 年以后）。

前教育信息化阶段分为计算机教学起步阶段与计算机发展阶段。前教育信息化阶段，教育信息化的概念尚未被普遍认可。在起步阶段，确定了落实"三个面向"和"计算机普及要从娃娃抓起"的教育任务。但由于经济条件限制，仅有少数学校开展计算机教学实验，开始着手培养计算机人才。电化教育领导机构逐步建立起来，计算机辅助教学逐步得到推广；在计算机教育发展阶段，教育信息化亟待解决的主要任务是"振兴教育""推进素质教育""推动教育产业化""培养大批教育信息化专业人才"等。教育信息化初步在教育改革和发展中发挥一定的作用。少数民族地区电化教育事业发展、中小学计算机教育软件、中小学计算机教育开始受到国家的重视。以信息化手段开展师资培训、开设计算机课程、大力发展教育技术学成为推进电化教育事业发展的重要手段。1994 年，启动建设了中国教育和科研计算机网（CERNET），为校园通网络奠定了基础。经济实力好的学校开始建设计算机机房，计算机辅助教学和计算机辅助管理逐渐推广试点，信息化促进了管理垂直化。建构主义在教学中逐渐得到广泛应用，信息技术与课程呈现整合态势。

教育信息化 1.0 阶段以"教学环境变革"为主要特征，重点关注教育信息化引发的量变，强调教育信息化应用驱动、融合发展。教育信息化 1.0 阶段又划分为基础设施建设大发展阶段（2000—2005 年）、教育信息化应用水平大力提升阶段（2006—2010 年）、特色教育信息化发展阶段（2011—2018 年）。

在教育信息化 1.0 阶段，为加快在中小学普及信息技术教育的步伐，2000 年教育部下发了《关于在中小学实施"校校通"工程的通知》，决定在中小学实施"校校通"工程，目标是用 5 ~ 10 年时间，使全国 90% 左右的独立建制的中小学校能够上网，使中小学师生都能共享网上教育资源，提高中小学的教育教学质量。随后"校校通"发展成"班班通"，"班班通"本质上讲是"校校通"的升级版。每个班级里具备与外界进行不同层次的信息沟通、信息化资源获取与利用、终端信息显示的软硬件环境，一般泛指简易多媒体教室，包括黑板＋投影仪／触摸一体机等设备。启动"校校通"后，从"校校通"发展到"班班通"，这为推进教育信息化进一步的发展提供了极其重要的基础条件，硬件基础条件得到了极大的改善，教室终端出现了像智能交互平板、电子班牌、电子白板、教学一体机、班级投影仪及教师电脑等不一样的终端，为实施"互联网＋"班级管理提供了广泛的渠道。"互联网＋"平台对信息处理的及时性、便捷性，无时空限制，非常有利于信息的传播，更方便班级与科任教师、学生、家长乃至社会产生联系，为"互联网＋"班级管理提供了非常好的条件。

在资源与软件建设方面，校园逐渐实现了从现实校园、校园网到校园信息化、数字校园的过渡。网络教育学院、网络课程、精品课程等迅速发展，激发了远程教育活力，建设精品课程、开放课程、优质资源共享课，为提升教师教育信息化水平，为教育均衡发展，起到了积极作用。

2012 年 3 月，教育部制定了《教育信息化十年发展规划（2011—2020年）》，内容涉及基础设施建设、信息化资源适用性发展、信息技术教育人才培养、终生学习体系建立、教育信息化管理体系建设等关于互联网教育发展的各个方面。全国教育信息化工作电视电话会议提出："十二五"期间，要以建设好"三通两平台"为抓手，也就是"宽带网络校校通、优质资源班班通、网络学习空间人人通"，建设教育资源公共服务平台和教育管理公共服务平台。基于良好的硬件条件，两平台得到充分的发展与运用，教育信息化彰显价值和效益成为新追求，政策驱动、目标驱动、应用驱动、创新驱动成为教育信息化发展新常态，教育治理新模式、教育信息化与教育的创新融合发展逐渐受到关注。2013 年 3 月，第十二届全国人民代表大会的政府工作报告中提出"互联网＋"的行动计划，"互联网＋教育"掀起了教育行业改革的新浪潮。与此同时，一系列互联网企业取得了重大突破。"互联网＋"时代特点所具备的立体、开放、多元的特点，促使教师必须转变传统的观念，打破以往的局限性思维，增强自身的问题意识、研究意识和创新意识。在此背景下，教师对教育各个领域都在积极探索利用"互联网+"平台提升管理和服务效能，中小学班级管理方向的探索也不例外。很多教师选择了QQ、微信、新浪博客及钉钉作为班级管理的平台。人人通空间也是很重要的一种平台，但是平台之间的互融互通存在一定的问题。

2018年4月，为深入贯彻落实党的十九大精神，加快教育现代化和教育强国建设，推进新时代教育信息化发展，培育创新驱动发展新引擎，结合国家"互联网+"、大数据、新一代人工智能等重大战略的任务安排和《国家中长期教育改革和发展规划纲要（2010—2020年）》《国家教育事业发展"十三五"规划》《教育信息化十年发展规划（2011—2020年）》《教育信息化"十三五"规划》等文件要求，教育部制定了《教育信息化2.0行动计划》。政府对教育信息化一直给予极大的支持，教育信息化2.0阶段以2018年4月13日教育部发布《教育信息化2.0行动计划》为主要标志。教育信息化2.0阶段以"教育系统变革"为主要特征，重点关注教育信息化引发的质变，注重教育信息化的创新引领作用，教育信息化促进教育系统生态变革。实现了从重点关注"物"向重点关注"人"的转变，逐步建立了"以人为本"的教育信息化建设和发展模式，教育信息化的价值更倾向于从"量变"到"质变"。激发教育系统变革，实现教育信息化融合创新与发展，产生技术与教育的融合效应。教育信息化2.0将具体呈现体验、开放、融合、数据、连接、服务、创新、引领、变革、智慧十大特征。教育信息化2.0发展的过程是协同建设、协同共享价值的过程，每个人既是其价值的享受者，又是参与者、实践者、推动者和创造者。

虽然国内出现了较多教育云平台，教育云平台也能将各种教育信息化应用整合在一起，实现了应用一体化、资源一体化、数据一体化，在班级管理方面发挥了积极作用。但是，因学校管理模式、教师带班风格、学生情况千差万别、各学段学生特征的不同等因素，一些"互联网+"班级管理的平台无法满足老师们的各种繁杂需求，也不能有效配合教师班级管理个性化要求，实现教师特色化发展的内在需要。

近年来，一线教师实施"互联网+"班级管理，主要体现在班级积分评价与分析、成绩发布与分析以及家长沟通与交流等方面。教师在实施"互联网＋"班级管理项目过程受各"互联网＋"平台制约很严重，主要表现为：一是各"互联网＋"平台之间不能互通互融，数据不能随意共享，也无法全面、深度实现完整的班级管理信息链。二是学校管理模式、教师带班风格、学生情况千差万别，利用"互联网＋"平台实施班级管理时，导致班级管理或班级德育活动效果不佳，甚至微乎其微，无法让教师设计的班级管理事件或德育活动通过"互联网＋"最大程度地实现班级管理的效能，体现班级活动的德育效果。三是有的教师使用一段时间后，由于程序入口过于复杂，信息分类不够科学，家长接收信息方式不够科学，连接家长、学生及班级的方式不够合理，导致增加了教师与家长使用的负担，从而使教师滋生了基于"互联网＋"实施班级管理只是徒增工作量而已。

因此，教师实施班级管理，迫切需要信息纯净、入口简单又能充分解决好班级管理最常见事件或德育活动的智慧工具。通过它们有效实施班级管理，提升班级管理效能。"幸福云教室"系统围绕以上一系列问题，通过研究明晰班级管理路径、提炼班级管理策略，按照路径及策略思想进行设计、为充分解决这一系列问题而开发，最大限度地为班级管理工作增效减负，提升师生幸福指数，进而促进信息技术与班级管理深度融合。以信息化手段和方法促进知识的传播、传承和创造，实现信息化教育，构建智慧育人环境。

第三节　我渴望的"幸福云教室"

教室，是教师向学生传授课业的场所，也是学生在成长过程中，度过时间最长的场所。它可能让学生感受到温暖、幸福和浪漫，也可能让他们体验悲伤、失望与失败。"云教室"，是指基于云计算技术基础上，利用"互联网"技术、电脑等支撑的教育教学管理平台。老师可随时随地辅导、授课、配合线下或直接组织线上活动教育和培养学生，学生则可以随时随地享受到类似于教室内的教育机会。

我理想中的"幸福云教室"，是它能很好地配合班级时代发展的内在需要，精心孕育充满温情、和谐的班级文化，极大程度提升班级管理效能，有机地促成润物细无声式的家校共育。在技术层面上，它拥有极高自动化水平，甚至能够为应用者提供发展性参考意见。它能实现平台之间的互融互通，为班级发展提供共性与个性化的管理工具，亦能在访问时入口纯净、使用时界面极度简洁，也能兼顾教育工程的局部与整体的协调性。具体表现如下。

一、与各平台能友好互通互融，访问入口方便快捷

个人电脑与智能手机的普及，互联网公共设施不断完善，各类软件技术不断升级，各渠道（如电脑、手机、平板电脑、一体机等）功能性 APP 也出现了野蛮生长，丰富的 APP 为老师们提供了大量的功能性工具，这为老师们自主选择工具辅助班级管理提供了可能。但是各系统之间数据相互独立，不能互融互通，尤其是用户基础数据，导致老师们的使用极度不便利。近年来，一些大型平台提供了 API 接口，例如，微信、钉钉、抖音、QQ 及百度等，这为第三方平台与这些大平台融通提供了可能。若能从各大型平台直接进入第三方平台，这种访问模式会极大方便老师、家长及学生使用，各自从自身习惯的平台便能进入班级管理系统，极大优化访问入口；各平台的用户数据及

功能性应用工具都被统一于第三方平台，第三方平台不断优化与各平台的对接入口即可。

二、使用界面直观简洁，操作过程简单快捷

各种 APP 界面按照实际需要布局设计，思路必须清晰，操作步骤必须最少，每个界面涉及的信息尽可能最少，并不断优化。

电脑界面一般分为左右两栏，左侧固定成导航栏并可伸缩，按照操作逻辑设计，右侧为内容显示区，顶部条从右向左围绕用户信息管理相关功能进行拓展。

手机界面采用最常见的上下结构界面，顶部一般是一组幻灯图片，下部是各类工具入口图标。点击进入后对于班主任来说就是工具发布页，对于家长来说就是学生信息动态页。信息按时间顺序排列，供家长按照时间顺序查询，都是极其简洁、直观、简单、便捷的。界面不一定需要华丽的用户界面。

三、自动生成各类日志页、数据图表，方便查阅和利用

将传统的手写记录过程转变成手机或电脑发布记录过程，如需采集班内大量信息，通过相关硬件辅助完成。待信息采集完毕后，班级管理所需要的日志页（如班务日志汇总、学生段位等级、班级表彰文件等）自动生成，可通过电脑、手机、平板、白板、投影仪、一体机等设备直接展示供教师在各场景下灵活使用，可在线打印，可生成 PDF 文档，文档文件能很方便地被教师移植利用。班级管理所需要的数据图表（如各项目单表、多项目组合表、小组与学生考核表、教师考核表、家长阅读信息情况等）可按周、月、学期、学年及任意时间段直接快速调取各类数据报表，可在线打印，可被快速导出成电子表格文件，方便教师直接或再加工利用。

系统中应设计一系列关键变量，便于系统自动通过多媒体消息提醒教师、家长或学生。例如，学生累计迟到一定次数，系统通过消息提醒家长；定期（按周、月、学期及学年）将所生成的考核报表、意见建议自动发送至家长手机上。

四、有机生成各类海报，从而孕育温情、和谐的班级文化

随着班级的不断发展，系统内会积累大量的活动资料、激励性奖状、班级各类文件及资讯文章等。"幸福云教室"系统能将这些图文资料按内置模板自动生成班级海报（班内大屏及家长手机海报），亦可按教师意愿自主设计成各类班级海报。这些海报内容可以是班级奖状、班级相册、班级画册、每周之星信息、表扬信等，一般以图文满屏的形式出现。

围绕班级文化建设的需要，教师可将这些海报设定为班级电脑屏保或利用 Windows 系统任务计划或专业定时功能的软件打开，通过教室白板（投影）或电子班牌高频率、循环、滚动展播这些班级海报。通过电脑屏保、计划任务及定时打开等方式打开班级海报，达到信息从发布到展示的过程全自动完成，免去了教师手动打开的负担，让班级海报零负担地配合班内线下活动，从而实现班团活动线上线下闭环教育的德育价值。凭借"无声胜有声"的理念，孕育充满温情、和谐的班级文化，免去老生常谈式的说教，促进班级和谐发展。

五、自主组合信息形成纪念册，促进学生健康成长

在漫长的求学之旅中，学生会遇见很多人，经历很多事，这些人与事会通过平台以信息的方式积淀下来，而这些信息可按照一定逻辑规律（如事物发展的时间顺序、文化主题、活动主题、团队或个人的成长过程等）有序组合起来，便能形成各类班级纪念册。按班级发展的时间顺序，如将班级发生的各类大事情以时间为轴串联在一起，便可组合成《班级大事记》；按活动主题，如以每周之星信息为主题，可以组合成《每周之星纪念册》；按团队成长情况，如以小组为单位合成该小组成员及老师的相关信息，生成《××组成长册》；按个人成长经历，如将某同学个人所得奖状组合成《××同学奖状》。

各类班级信息组合后，会形成琳琅满目的班级纪念册，它们不仅记录着学生们的成长足迹、班级的成长轨迹，纪念册中的内容更将成为每位学生一生中最美好的记忆。毕竟留存在记忆中较深印象的人与事是十分有限的，但

留存在各类纪念册中的一张照片、一句座右铭、一句赠言、一段感言都会给学生带去弥足珍贵的回忆。这些美好的信息让学生留住已经逝去的美好与幸福，促进学生健康成长。每每回忆往事，学习的过程是快乐幸福的，超越后的自我是自信的。这些班级纪念册有电子版，还可以印刷成印刷品，印刷品意义非凡，可以作为班级纪念物颁发给学生。

六、有机融入家长，促成润物细无声式的家校共育

孩子的教育是一个长期而系统的工程，有些家长根本没有意识到，在教育孩子时随性随心，采取溺爱、迁就、补偿心态来实施教育，按照这种思路教育孩子，导致越来越多的教育问题显露出来。为了解决这一问题，国家于2021年10月23日颁布了《中华人民共和国家庭教育促进法》，旨在强化社会对家庭教育的重视和支持，通过法律手段推动构建更加健康和谐的家庭环境，确保孩子们能够在良好的氛围中健康成长。

传统家校合作一般采用家长学校、老师家访、家长会、家长到校与老师面谈等方式。这些方式由于受到时间与空间的限制，虽然效果不错，但频次非常有限。互联网让家长与班级、孩子仅是一墙之隔，打通这堵墙，家长便能有机融入班级，家与班便能如影随行。"幸福云教室"系统一般采取让家长通过绑定关联孩子信息的方式，实现家长与班级紧密连接在一起，班内发布信息的同时即时提醒家长，家长可即时查阅，也可闲暇时查阅，另外家长也可按照列表、分类及时间等顺序随时随地、系统地查阅了解孩子在校情况。家长也可与班主任、孩子发生非即时性互动，在彼此都不增加额外负担的情况下，基于"幸福云教室"系统以图片、文字、语音等形式，形成彼此干扰极小、相对静默的交流方式，促成"润物细无声式"的家校共育。

七、系统功能工具化，充分提升班级活动品质与教育价值

班级管理依据教育目的的需要，对班级中的各种资源进行计划、组织、协调、控制，以实现教育目标。我们不妨把班级管理中一系列事务进行极简处理。如班级的建立、学生信息的导入、小组的划分、信息发布（如每

周之星、奖状、表扬信、喜报等）等过程，这些事情的操作一般是一直不变的，各种工具应以解决这些固定不变的操作为基础而设计。这些工具基于极简思维而设计，各自实现相应功能，彼此相互独立，意味着操作变得高效，低负担。

"幸福云教室"系统按照班级管理的需要，为教师提供丰富的工具，教师能够在应用市场自主选择一款或多款工具使用，用于辅助班级管理。例如，每周之星活动可选择"每周之星"工具辅助管理。班级考核表（班务日志）一般由出勤情况、请假情况、课堂情况、大课间情况、自习情况、清洁卫生、寝室情况、午休情况、唱班歌情况等考评工具组合实现，可按学生和小组、按时间（天、周、月及任意时间段）、按单个项目与分类、按所有项目汇总和组合生成日志和考核表，为班级管理提供详尽的日志和统计表，方便教师查阅与使用，以便充分提升班级活动的品质与教育的价值。

八、定向设计、快速开发相关工具，满足教师带班个性化需求

班级管理是一项系统而复杂的工程，利用信息技术系统地解决班级管理问题，也是一项系统而复杂的工程。为其提供丰富的智慧工具基础上，还需要考虑个性化需求。首先，随着时代变化，虽然教师一直面对的是一群年龄相近的学生，但社会环境、主流文化的变迁导致学生的认知与意识形态存在很大差异。其次，教师自身学历、阅历及个人素养的不同，决定了每位教师带班风格也存在差异。这些因素决定了不能按照工业生产需要的模式，使用一套高度标准化的系统辅助班级管理。

教师千千万万，他们的教育需求就有千千万万。如果希望快速提供切实可行的个性化工具，首先需要对班级管理进行从简单到复杂、由浅入深的研究，尝试建立班级管理模型；其次依托所建模型开发成服务于班级管理的框架，基于该框架能够快速生成满足班级管理需要的智慧工具，再把这些智慧工具应用到班级管理的方方面面，才能较好地满足教师带班的个性化需求。只有这样，才能让教师利用信息技术与班级管理实现深度融合。

九、依据不同情况，通过不同工具的有序组合，辅助完成阶段性教育教学任务

从学校角度看，管理层级涉及学校层面、年级层面、班级层面、小组层面及学生层面。如果从教育局层面看，还涉及区域层次以及不同学段的情况。这些情况说明辅助班级管理的各类工具不尽相同，应该是丰富的。依据各学段、各学校、各学科、各年级、各班级、各学科及各对象的情况，教师所选择的工具有所不同，例如，幼儿园采用"萌宝"系列成长工具；小学低年级可采用"小红花"系列评价工具；小学高年级便可采用"奖状"系列激励性工具；初高中则可多用类似于"班级考核表"类的考核工具与"每周之星"相似的文化建设类工具；教学类的又有别于管理类工具。同一类别的工具不同教师使用时，智慧工具中评价项目（角度）有明显差异，不同工具在不同时期、不同学段的用法也可能有所不同，教育非工业，切不可引入工业标准化思想，按照统一标准的智慧工具一刀切式的模式来实施。因此，"幸福云教室"系统按照青少年成长规律，一方面能够为教师提供丰富的智慧工具，另一方面还可提供定向开发的智慧工具，以满足各学段、各学校、各学科、各年级、各班级、各学科及各对象的差异。利用这些智慧工具合理有序开展教育教学，从而高效地完成阶段性教育教学任务。

十、能充分利用大数据分析，为使用者提供发展性参考意见

随着"云"时代的到来，大数据也吸引了越来越多人的关注，大数据对传统教育造成的影响也越来越大。而大数据技术的战略意义不在于拥有庞大的数据信息，而在于对这些有意义的数据进行专业化处理、分析、挖掘及应用，最终为教育教学提供类似于诊断报告的信息，更重要的是为人的发展提供发展性参考意见。大数据的运用小到习惯养成，大到职业规划。利用大数据做职业规划，首先我们通过检测确定职业发展总目标、评估当前所处层次、找出并细化构成总目标的一个个小目标和实现这些目标的障碍，最后还需要综合个人兴趣、爱好、能力等特点，系统给出阶段性的最佳职业奋斗目标。但是，这些诊断性报告和发展性参考意见与疾病的诊断报告、工业上的生产

需要报告有很大差别，人的发展在不同时期因为学习、阅历及能力都在不断改变，人无时无刻都处在发展中，这些阶段性参考意见需要随时更新。

十一、系统不断迭代升级，在完善中坚持创新

随着网络技术的不断发展，"幸福云教室"系统应该随着时代的发展，从教师、学生及家长的实际需要，基于"低代码开发"的方法论，不断地迭代、循序渐进地开发完善各类工具。允许有不足，但必须围绕当前所服务的教师、学生及家长不断地完善，在持续迭代中形成一款款辅助班级活动的智慧工具。在迭代开发升级过程中，各种工具使用互不干扰，互不影响，顺利完成开发与升级，稳定性不会受到任何影响。

在实践过程中，不断发现问题、解决问题，基于系统当前功能，研究更优的解决方案以支撑教育与管理过程中可能存在的问题。这些改变渗透在每一个字、每一个词、每一段话、每一张图、每一个链接、每一个音频及每一个视频里，也可能是一次页面的改版、一些信息的重组、一张新的图表、一组海报的优化、一项新的功能，甚至是一套崭新的智慧工具，这些都可能成为我们发展和使用过程中恰到好处的创新点。一个小的创新足以在教育与管理中发挥极大的作用，给我们带来意想不到的效能。这些都必然是"幸福云教室"系统应该具有的能力。这样的"幸福云教室"系统才有无穷无尽的活力与潜力。

十二、系统特别注重网络安全与尊重用户隐私

网络安全通常指计算机网络的安全。它是指网络系统的硬件、软件及其系统中的数据受到保护，不因偶然的或恶意的原因而遭受到破坏、更改、泄露，系统能连续、可靠、正常地运行，网络服务不被中断。保证系统网络服务的安全与稳定，是每个运用者必须做到的。

在保护数据方面，安全性和隐私性是密不可分的，安全和隐私之间的界限目前仍然模糊。提及用户隐私，必须尊重学生、家长及教师的隐私权利。"云计算"领域的飞速发展，在为众多企业带来新一轮技术革新之余，也让网

络安全、数据隐私等问题浮出水面。系统中记录用户私有信息尽可能极其简单，不因界面的设计而有意或无意暴露隐私。教师在用好数据的同时也要注重学生和家长隐私的保护，不因管理人员自身安全而造成隐私泄露，更不能因为服务器遭受攻击而导致数据泄露。学生、家长及教师的隐私是应被高度尊重的。

总之，我理想中的"幸福云教室"，它使用极其便捷，能与各类平台完美融通，能在尊重每位学生的基础上充分发展每位学生，能为教师工作减负增效，更能让家长如影随形地深度参与到学生成长的每一个阶段，并能与时代共成长。

第四节 "幸福云教室"的泛化

"泛化"原指心理学上引起求助者不良的心理和行为反应的刺激事件不再是最初的事件，同最初刺激事件相类似、相关联的事件，甚至同最初刺激事件不类似、无关联的事件，也能引起这类心理和行为反应的现象。基于"互联网"构建的"云教室"是不会受到空间与时间的限制的，这使得它拥有了泛化的能力，自然泛化就不是难事。

一个网络班级便是一间"幸福云教室"。基于平台创建班级、导入学生、对学生分组并邀请学生家长绑定关联孩子信息，一间"幸福云教室"就建立起来了。我们分享班级内的动态、评价班内学生行为及表现，甚至可以在"幸福云教室"内组织线上活动，将家长、学生与教师紧密连接在一起。

一个网络圈子便是一间"幸福云教室"。某县市区域为了培养教师专业写作能力，基于网络平台创建网络打卡圈子，建章立制，并组织教师们在圈内每日打卡写作，并对圈内教师打卡日志进行观评，对参与人员进行考评，这样的圈子它从本质上讲就是一间教师共同成长的云教室。

一间网络自习室便是一间"幸福云教室"。进入网络自习室后，能够看到屏幕中间是计时的装置，下方就是教室主管安排的今日学习内容和今日学习目标。除此之外，教室主管还可每天写一句励志的话作为标题，鼓励大家自觉学习。利用这种模式创造一种虽然身处全国各地，但是也能达到身处自习室的效果。这种网络自习室能够起到一种督促作用，让学习保持更高的效率，这也是"幸福云教室"的一种模式。网络直播间也可用于构建这种"幸福云教室"。

一个网络机构便是一间"幸福云教室"。同年入学的班级会构成一个年级，年级管理工作基于这些班级开展，利用平台优化年级管理工作，强化班级管理，针对各年级管理的实际需要，定期记载、上报、统计、通报及分析年级管理过程中的各种情况，一方面降低管理工作人员的工作量，另一方面通过对数据的分析与挖掘，科学指导各级管理员有序合理地开展工作。

一个网络组织也是一间"幸福云教室"。一所学校或一个年级在平台内注册一个网络组织，组织主管类似于班主任，加入的全体老师类似于学生，在该网络组织内，主管可对全体教师进行考勤记载、考核与评价。全体教师在组织内可开展互动与交流，举行网络会议，在线组织教学甚至可以进行项目审批。通过系统能够提升组织管理能力，优化组织成员关系，增进组织协同效率，高效共享内部资源，实现无纸化办公，节约办公成本。

随着信息技术的不断发展，不仅一个班级、一个圈子、一间自习室或者一个组织，都可通过网络集结成一间"幸福云教室"。另外，一个QQ群、一个微信群、一个钉钉群、基于某个微博账号的粉丝群体、一个网络直播间，甚至一堂录播课也会成为一间"云教室"。

第二章

"幸福云教室"下班级内各角色转变

　　"幸福云教室"背景下的班级内，各个角色都在悄然发生变化。本章主要阐述"幸福云教室"背景下班级内各角色的转变，共分为五个部分，依次为："幸福云教室"背景下的班主任角色转变、"幸福云教室"背景下的学科教师角色转变、"幸福云教室"背景下的班干部角色转变、"幸福云教室"背景下的学生角色转变及"幸福云教室"背景下的家长角色转变。

"互联网+"背景下，班主任作为班级管理的掌舵人，利用网络实施班级管理，首先需要在互联网上为班级安一个"家"。这个"家"从本质上讲就是一个班级网络平台，形式可以是博客、云空间、微博、各种群（常为QQ群、微信群、钉钉群等）、贴吧、论坛、个人公众号甚至是微视频集。它也可以由多种形式构成，在多种形式的平台里注册账号，并利用这些平台的各种功能，相互配合，进而辅助班级管理。这些平台共同组成在互联网上班级的这个"家"，"家"的主人是班内所有学生、家长及全体老师。他们加入这个"家"后，便可在里面沟通与交流，一起学习，一起进步，一起成长。

由于各平台的特征与功能不同，使用不同平台建立的"家"，对班级管理的方式与效率也会产生不同的影响。博客与空间拥有文章、相册、留言等功能，班主任们只能利用文章功能发布班级情况，利用相册展示班级风采，利用文章和相册下的留言功能与家长、学生互动交流，缺点是形式过于单一，互动极不方便，私密性也很差；微博以博主身份进行广播，一般采用不超过140字的文字发布班级情况，通过留言方式互动与交流，虽然方便，但信息的可控性差，私密性相对也较差；对于各种群，采取直接在群内广播信息实现学生、家长及教师之间的互动与交流，但私密性差，刷屏太快，信息查阅不易，极易漏读信息；微信公众号目前是非常流行的一种方式，采用了教师向"粉丝"（学生、家长及老师）群发消息的方式。虽然图文格式比博客文章格式更丰富，内容比微博更多，但互动性变差了，即时性也不如班级群。优点是可以与家长实现点对点沟通，私密性较好；微视频平台形式过于局限，只能局限视频方式，服务班级管理的能力有限；各类教育云平台空间相对比较专业，主要侧重于课堂教学。各平台因为各自特征与功能存在较大差异，导致管理班级的效率大打折扣。究其原因，各平台并不是按照班级管理的内在需要而设计，教师只是借助这些平台中某些功能实现一些基本的信息传递、简单互动。这些功能并不能充分配合班级管理的内在需要，高效合理有序地配合班级管理。

"幸福云教室"系统平台是基于"互联网+思维"、按照班级管理模块化、班组层级而设计的，它是一套借助网络平台教师实施爱的教育，记录学生成长轨迹、培养学生习惯、有效实施家校共育的系统。它能良好地为班级管理工作减负增效，较好地提升师生幸福指数，在尊重每位学生的基础上发展每位学生。

在"幸福云教室"平台里建立的"家"，教师可依据发布信息的特征按全班批量、小组批量及电子表格导入等方式高速发布信息；在教师发布信息后，信息自动通过教室白板或电子班牌以班级大屏海报形式，定时、循环滚动、按项目、有温情地展示班级图文信息，进而持续激励学生进步，增强班级凝聚力。"幸福云教室"系统可对班级积分、评价次数，按照小组、学生及任意时间段自动生成相应的考核表及日志，供老师在线直接使用，在线打印成文稿使用或以 pdf 或 xls 格式导出后移植使用。这些信息可被充分应用至班级管理、文化建设及学生习惯养成等方面。教师还可以按照班级管理、学生及教师的需要，将信息组合形成班级电子纪念册，电子书还可以印刷成纪念册，并作为激励性奖品颁发给学生。它亦可通过 QQ 连接学生，通过微信和钉钉连接家长、老师，通过手机图文式海报等形式向家长发送信息，促进家校高效合作。目前，"幸福云教室"系统拥有近 200 款班级智慧工具，为实施"互联网＋"班级活动及管理提供了保证。老师可依据自身带班情况，自行设计个性化的班级管理工具，极大程度上解决因学校、年级、班级、学段、学科等不同情况造成的智慧工具的不适用问题。

"每周之星"是一款非常流行、极其经典的班级活动。利用"幸福云教室"系统中"每周之星"智慧工具配合该活动实施，很大程度上优化了传统的"每周之星"的做法。"每周之星"活动在该款智慧工具支撑下的实施流程一般为："每周之星"活动班内宣传→"每周之星"活动评选制度的讨论和制定→每周定期评定"每周之星"学生或团队→依据评定结果，为学生或团队撰写、修订事迹材料→打印（印刷）并粘贴班级海报至班级公告栏→学生与教师于班级公告栏处查阅→评定信息发布至系统的"每周之星"智慧工具中→班内定期循环展示"每周之星"班级大屏海报→家长即时接收和查阅"每周之星"评定信息→生成"每周之星"学生及小组获得次数和积分排行表→依据评定结果颁发"每周之星"奖章→下载"每周之星"评定信息 PDF，将 PDF 文档组合集成为电子书（纪念册）→纪念册印刷成册→纪念册颁给学生，留作纪念。

在"幸福云教室"系统中，"每周之星"智慧工具依据"每周之星"活动实际需要，按照活动的流程、完整的教育链条，服务于该活动的每一个环节，充分激发了每一环节的教育潜能，提升"每周之星"活动的德育价值。该工具不同于前面提到的各类平台，为"每周之星"活动提供量身方案，具有极强的针对性，服务效果非常好。

分析"每周之星"智慧工具配合下的实施流程，它有别于传统做法。班主任需要统揽全局，承担策划和组织活动、技术培训等职责，不能只做甩手掌柜；班干部在此过程中除了支持与配合，还应重视学习新技术，提升自我能力；被表彰的学生会得到更充分的肯定，其他学生也会受到深远的影响；相比"每周之星"传统做法，家长完全参与不进来，但依靠"每周之星"智慧工具配合实施后，家长能够有机融合到"每周之星"活动中来。在技术层面上，班内需要成立技术小组支撑本次活动，包括拍照与图片处理人员（摄影组）、文稿设计、撰写与修订人员（文稿组）、信息处理与录入人员（信息处理组）。

考虑技术传承有序、家校高效合作、打造班级品牌、形成班主任名片等因素，无论是操作方式、人员配备、参与对象、信息传递方式，还是班主任、学科教师、班干部、学生及家长在行为和思想上都会产生较大变化，班内各角色位置、作用及职能也发生了巨大变化。在"幸福云教室"背景下，只有明确班内各角色位置、作用及职能，才能充分发挥"幸福云教室"系统在班级管理中的作用。那么，在"幸福云教室"背景下，班主任、学科教师、班干部、学生及家长该如何转变角色呢？

第一节 "幸福云教室"背景下的班主任角色转变

班主任是班级管理中的核心人物，既是班级管理的引领者，又是班级管理的执行者。在班级管理中，班主任往往充当了多种角色，例如"活动家""演说家""心理咨询师""协调者"等，甚至可能是"亲朋好友"或"父母"角色。基于"互联网+"平台（"幸福云教室"系统）实施班级管理时，班主任的核心地位不会改变，但角色的性质会发生较大变化。主要表现为以下几点：

一、向"问题研究型"角色转变

2020年1月，学校要求每一位班主任必须学会在线管理学生，研究在互联网另一端学生的特点，提升班级管理效果。如果班主任不学习互联网技术，不研究学生在线学习的特点，就无法适应当前教育教学环境，甚至无法胜任教师这一职业。

信息技术博大精深，它在不断完善中创新，又在创新中不断完善。为了适应它的发展，班主任必须改变思维方式，从"固定性"思维方式转变为"成长型"思维方式。班主任要想成长，必须改变思想，从思想上接纳教科研工作，接纳信息技术给教育教学带来的便捷性。同时，也要认识到新技术在大幅提升工作效率时，也会出现一些新问题。所以，我们必须懂得只有深入研究、学习各种新技术新方法，在不断反思中发现问题、提出问题并解决问题，才能在研究过程中不断积累，得以成长，才能得以改善当前的工作状态，提升工作效率。这种现状将会长期存在，这将促使班主任必定"向'问题研究型'角色"转变。

信息化时代的班主任，必须适应新的教育环境，用科学知识武装自己，用科研行为增强自身战斗力，否则不仅对自身专业成长没有帮助，相反还会使自己处于疲于奔命的状态。

二、向"思想引导型"角色转变

班主任一般采用口头宣讲、谈话、班会课及班团活动等形式改变学生的思想。而班级管理引入"幸福云教室"系统后，班主任便可利用平台中班级海报（班内大屏海报、家长手机海报）转变学生、家长的思想。如利用白板在班内展示或利用电子班牌在教室门前定时展示"每周之星"的班内大屏海报，班内大屏海报主要采用满屏、循环滚动的图文形式。高频次地展示海报，将会潜移默化地改变每位学生的思想。这种类似的海报还有很多，如班级公约、奖状墙、笑脸墙、月度之星、励志宣言等。"幸福云教室"系统内这一系列相似的海报，通过教室白板、电子班牌、教师电脑、家长电脑甚至学校大型电子显示屏定时定期、自动化、高密集、高频次、循环滚动播报展示。按照此方式在班内外大力表彰班级先进，弘扬班级正气，发挥优秀学生的模范带头作用，对班内涌现出来的先进集体、优秀人物的事迹大力宣传，这无疑胜过千百次的口头宣讲，在思想上深度引领班内外的每一位同学，增强了学生的班级归属感，提升了学生的集体荣誉感。

对家长而言，除了可安装班级大屏海报屏保至家庭（个人）电脑上，用于通过班级大屏海报了解班级动态外，还能通过手机不断收到来自班级发送的手机海报。手机海报内容包含班级公众内容（如班主任寄语、班级公约、奖励文件等）以及与孩子个人相关的信息（如奖状、聘任书、成长评价等）。家长通过电脑大屏海报及手机海报充分了解班级动态，深度融入班级，与学校形成合力共同促进学生思想转变。

班主任充分设计好海报中的内容，再使用"幸福云教室"平台内的海报，极大程度影响了家长、学生的思想，促使班主任向"思想引导型"角色转变。

三、向"数据分析型"角色转变

传统班级管理中的量化考核，通常采用纸质记录和手动统计，每周和每月靠人工计算统计和分析，这种做法非常感性，并且随意性太强，实时性不强，与家长关联也不强，数据连续性也差，数据表利用不充分，而且工作量极大。

在"幸福云教室"系统中，只要将数据发布至系统，系统就会自动生成一系列与学生、家长、小组及班级相关的数据表，它们全方位体现教师使用情况、学生表现情况、小组及班级整体情况、家长关注及参与情况。如单个项目表（如每周之星、班干部考核、清洁卫生等）、组合性表（如各项目分数汇总表、各项目次数汇总表、段位等级表、动态擂台榜、各项目分数按月走势图等）、学生个人相关表（如各类数据圆饼图、变化趋势折线图等）、与家长相关表（家长阅读率一览表），还有激励教师积极使用的一些数据及表（如班级数、学生人数、当前班级记录、累计判分情况、注册天数、本周考核情况、登录次数、活跃天数、达标周数、学生绑定情况、各使用情况排行表、学校对班主任每日发布情况统计一览表等）。教师只需要直接调取相关数据加以分析，就能实时、准确获取学生、家长、小组及班级的各种情况，把握班级、小组及学生的发展趋势，各类日志、数据及表在班级管理中发挥不可替代的作用。班主任教师通过分析这些数据及表，全方位掌握班内情况，大大提升了班级管理效率。

四、向"项目培训型"角色转变

一位资深班主任，一定有着丰富的带班经验。在他们带班的生涯中，或多或少会有一些引以为傲的人（学生）、事或班团活动。对于这些人、事或班团活动，班主任通常仅凭大脑记下来，时间一长就会渐渐淡忘。虽然有极少数班主任选择用案例将其记录下来，但是这种记录方式也是有缺陷的，时间一长很多细节就忘记了。

好的经验与做法值得传承，但是这些好的经验与做法离开了各种信息化界面、数据及表，便无从谈起，更不用说在未来再次实施。有人说"互联网是有记忆的"，平台会自动保留老师们带班的痕迹，但不够系统。因此，班主任一方面应积累对各种信息化界面、数据及表的运用经验，另一方面有必要将实施过程的心得体会记录下来。每位班主任使用的心得体会是独特的，在未来才能悉心指导并培训新一届的班干部，否则班干部们无法充分运用各种信息化界面、数据及表。只有班主任充当培训的角色，班干部才能较好地传承以前优秀的做法与经验，进一步将某项班团活动在不同时代，面向不同的学生群体，实现更具创新性的运用。

五、向"技术指导型"角色转变

上述提到的"向'项目培训型'角色转变"侧重于对活动实施过程的培训，"向'技术指导型'角色转变"则是侧重于对学生的技术指导。无论是小学生、初中生还是高中生，在基于信息化平台参与班级管理时，都需要运用电脑技术。懂技巧事半功倍，不懂技巧则会事倍功半。学生操作电脑的水平有限，而教师将在长期运用平台的过程中，不断优化操作，掌握许多技巧。因此，班主任在面对每一届新学生时，为了顺利开展活动，对学生进行技术指导是必须的。如在哪里找到某项功能实现什么操作，从哪几个角度分析数据表，通过什么信息可以看出某小组存在什么问题等技巧性操作。这些技巧性操作，只有在不断使用中才能摸索出来。有些非常简单的小技巧需用非常复杂的语言才能表述清楚，甚至无法用语言表述清楚，而给学生简单示范下，他们便豁然开朗。那么这些技巧性操作只能依靠班主任自身才能传承下来，班主任们定会向"技术指导型"角色转变。

六、向"活动开发型"角色转变

在班级管理过程中，很多经典活动是值得借鉴和传承的。信息时代，用于实施班级管理的素材越来越丰富。不同地域、不同学段、不同学校、不同年级的学生，思想也在随着时代的变迁而出现明显的变化。因此，依靠信息技术与互联网平台支撑的班团活动也应该因地因时制宜、与时俱进。

一般来讲，班团活动设计的本质是不会改变的，主要是活动的内涵与外延、采用的素材、评价节点等会发生一定变化，这样就会导致原有的实施方案，尤其是配合实施的原有工具无法满足实际需要。因此，班主任应该依据实际情况需要重新设计班团活动，对信息化工具加以改进，才能较好地支撑当前的班团活动。如"每周之星"活动，小学高年级阶段教师一般给予一段正面引导、肯定或鼓励性的话，初高中阶段基于这段话之外，还会增加座右铭、理想等外延性激励元素。选择"每周之星"形象代言人时，一般采用上一届非常典型的"每周之星"学生，作为新一届学生的形象代言人，用于传承班级精神。他们通过在线直播，现身说法方式为新一届学生提供鲜活的案例，活动中所用的素材一直是与时俱进的；再如时代不同所评价的"星"类别就会产生很大差别，小学与中学"星"评价类别也是不同的，甚至某些班主任为实现个性化评价，采用比较另类的激励性"星"评价类别。

时代在变迁，学生和家长们也在变化。班主任应结合实际情况，对已形成的活动方案不断完善。为了适应时代发展，班主任可能还需要设计并开发形式上完全不同于以往的班级活动和相应的智慧工具。班主任在传承与创新中不断研究，不断发展，不断完善，班主任定会向"活动开发型"角色转变。

第二节 "幸福云教室"背景下的学科教师角色转变

在传统的班级管理中，学科教师往往只关注自己的课堂，因此在学生的心目中地位不高。引入互联网平台（如"幸福云教室"系统）后，利用互联网平台实施班级管理的优势与特点，定会打破只有班主任管理班级的模式，学科教师不再局限于管理自己的课堂，也能通过互联网平台深度参与班级管理，与班主任共同管理班级。利用"幸福云教室"系统，学科教师的思想与角色也在发生变化。

一、向"深度参与型"角色转变

每位学生因兴趣爱好、知识结构、生活阅历甚至对某位老师的喜爱程度不同，在每位学科教师的课堂上表现也会有所不同。学科教师一般以所教学科为主，关注每位学生在课堂及在校的表现，并将课堂表现、作业情况、成绩评价情况、课前读书情况、课外情况等信息发布至"幸福云教室"各智慧工具中。依据既定的教育目的与需求，最终生成与该学生相关的学科评价结果。学科评价结果可按日、周、月、学期、学年及任意时间段查询，供学科教师、科代表针对小组情况分析总结，用于对小组的日、周、月、学期、学年及任意时间段的考评与管理，供各学科小组长针对小组成员的日、周、月、学期、学年及任意时间段的分析与总结、考评与管理。

与学生相关的本学科信息、其他各学科信息及班级过程管理的信息最终形成该学生综合性统计与评价的结果。学科教师的教学过程管理与班级过程管理完整、完美地融合在一起。学生是善变的，通常学生在家长、班主任与各学科教师面前的表现是不一样的，多方掌握的情况汇集在一起，才能真正地了解到一位学生完整的情况。各学科教师通过平台查阅学生信息，便能充分了解学生在其他学科习得过程中和班级过程管理中的表现情况。学科教师会通过互联网平台全面掌握学生的情况，为教师因材施教提供了可能和保障，促使学科教师向"深度参与型"角色转变。

二、向"亲密导师型"角色转变

"亲其师，信其道"。利用类似于"导师（教师）简介""导师寄语"及"教师的教育故事"等智慧工具，让学生了解教师教学理念及风格，了解教师对孩子们的期望，了解教师扎实的教育教学学识、能力及人格魅力，增强学生对任课教师的认同感，为后期教育教学过程中增进师生友谊奠定基础，从长远来说，融洽的师生关系也能为教师教育教学保驾护航。

学科教师对学生情况的了解，一般局限在与自身学科相关范围内，如要全面了解学生情况，则要与其他学科教师及班主任交流后才能比较全面地掌握。这种方式在时间与空间上局限性都太强，而教师通过平台，查阅日、周、月、学期、学年及任意时间段的各学科与班级过程管理评价结果，随时随地进行，非常方便，不受时间与空间限制。教师仔细查阅学生情况后，针对学生情况充分分析，便可全面了解该学生在心理上的困惑点、在学习上的薄弱点、在习惯养成上的困难点。教师掌握这些信息后，主动约谈学生，对学生所面临的困难与困惑，给出极具针对性的指导意见。教师与学生谈话不再空洞、漫无目的或针对性不强。教师依托平台实施跟踪教育，成为学生成长过程中重要的人生导师。

在家校合作方面，任课教师虽然与班主任掌握的情况不一样，但仍可依托平台主动融入，围绕自身学科学习成绩的提升为目的。通过各类网络平台与家长增进沟通，在思想及行动上增强家长对本学科的理解与支持。家长也可以通过留言的方式，向学科教师了解孩子学科学习情况，咨询学科学习方法与技巧等。采用此模式，教师通过影响家长进而影响学生，成为家长与学生心目中的好老师、好导师。

三、向"课程开发型"角色转变

"立德树人"是教育的首要目标，是教育之本。无论是思政教师、班主任，还是学科教师，都应主动承担"立德树人"的责任。

学科教师实施"立德树人"教育，主要采取以学科知识与方法为载体，在教学过程中对学生进行德育思想的渗透。这种寓教于乐的方式比班主任常规说教方式做法上更优，效果更佳。学科教师充分利用海量的网络资源，以链接的方式对文字、图片、视频等资源进行聚合，形成课堂中的微型德育课程，然后镶嵌于教师自身授课过程中。例如，以某科学家事迹为素材，以"坚持不懈、敢于挑战权威及敢于创新"为主题，在讲授生物进化过程中，通过穿插相关插图及微视频（平时收集整理的一些链接快速调出图片与视频资源），讲述达尔文的故事。为了让学生全面清晰地掌握平均速度与瞬时速度的关系，通过播放奥运会冠军夺冠的精彩视频片段，学生在理解数学概念的同时也能受到民族自信心的鼓舞。

各学科都有自身独特的文化沉淀与知识特征，学科教师利用平台功能与网络素材，将文化与故事有机融入教学过程中，在知识的生成与学习的过程中，让学生在无形中接受了学科熏陶，促进学生健康成长。教师通过对学科内容有意识的收集和有序整理，是对本学科德育课程的开发与网络资源的利用。在提升教学效果的同时，也提升了教师自身人格魅力，学科教师无形中在向"课程开发型"角色转变。

第三节 "幸福云教室"背景下的班干部角色转变

班干部的权利与义务是班集体赋予的。班干部在思想方面，需要拥有良好的道德品质；在能力方面，需要具备组织、号召、协调和语言表达等能力。班干部还应关心班集体，勇挑重担，为人诚实，愿为同学服务，同时乐意接受同学的监督。引入互联网平台后，在"幸福云教室"背景下，班干部更要严于律己，做好角色转变也是必需的。

一、向"接受监督型"角色转变

班干部一般由同学们推选出来，也可以由班主任任命。有的班级，采取学生轮流执政的方式，全班学生人人都是班干部。不管采用哪种方式选出班干部，班干部总会因为学生思想参差不齐、能力不济、心理波动、与班主任及其他班干部配合情况等因素，导致班干部威信及管理力度削弱。随着年龄的增长，学生主动向班主任反馈班干部的情况会越来越少，班干部接受班级其他同学监督的力度越来越弱。教师在场时，班干部一般受教师管理；教师不在场时，班干部只能靠自己管理自己。对于自律能力差的班干部，会形成管理空档，而教师不可能时刻守在教室管理班干部。

为了提升班干部管理能力，防止班干部滥用权力，更好地运用手中的权力，提升班级管理效率，促进良好的生生关系，班干部考核工作的实施是很有必要的。"幸福云教室"系统中"班干部考核"这一智慧工具就是基于这一目的而设计的。此工具从"公平公正、履行职责、自身纪律、服务意识、处事合理、其他履职"6个角度评价班干部。班长每天从各小组随机抽取一名同学实施评价一次，去掉最高分和最低分，求取平均值作为本次评价的分数。为了避免短时评价对结果造成偶然性，通常采取以两周（近14天）为单位进行汇总分析各位班干部表现情况，对做得好的班干部予以奖励，对做得不好的班干部予以指导，定期安排班干部相互交流管理经验，对连续多个月考核较差的班干部可考虑更换成其他同学。

在对班干部考核期间，班干部会充分了解评价 6 个角度的内涵，并履行职责，促使班干部必须努力规范自身管理行为，维护权力的公平与公正。同时班干部在监督与被评价过程中，定会不断学习与反思，切实努力做好班级管理工作。

二、向"数据分析型"角色转变

引入"幸福云教室"系统后，不仅班主任角色正在向"数据分析型"角色转变，班干部也在向"数据分析型"角色转变。在平台系统中，系统会自动生成各种各样的数据表，免去了传统做法的手动记录与统计的环节，实现了依靠计算机自动统计并汇总，所形成的各类数据表可直接被班干部使用。

表的运用形式丰富多彩，班干部需要学会通过各类数据图表敏锐地发现班级各种问题，依据这些数据图表对班级情况进行分析和总结。列举几例供大家参考：小组的某些项目出现较多中等水平层次的名次，说明该小组在这些项目上有发展潜力，该数据信息能指导班干部挖掘该小组在这些项目上的潜力；某学生多次收到预警提醒，班干部在预警之前，通过后台数据敏锐发现该学生情况，及时对该学生进行提醒，能够有效降低该学生违纪的概率；每周和月能够利用周和月汇总统计表科学分析数据，合理归纳总结问题并提出有见地的发展性指导意见。

利用计算机强大的处理数据能力，大量生成班级管理所需的数据及图表，极大地减轻了班干部的负担。但是班干部必须学会科学分析和使用这些数据及图表，才能更高效地指导自己有理有据地开展班级管理工作。在利用信息管理班级的过程中，班干部对数据的分析和处理能力将会得到充分的发展。

三、向"技术学习型"角色转变

班干部在利用信息化平台管理班级的过程中，除了一些常规技术，如各种类型文稿撰写的方法与技巧、活动脚本的设计与演练等，还要用到很多信息技术，如文字输入、文档（WORD、PPT 等）处理及转化、图片处理、视频拍摄剪辑、音频剪辑、音视频转化与合成及各互联网平台的使用等技术。

在传统班级管理过程中，通常需要设置宣传组（部），完成各种类型文稿的撰写。利用信息化平台实施班级管理，不仅要设置宣传组（部），还要增加一个技术组（部）。技术组（部）主要为班级管理提供信息技术支撑。平台的使用受学校或班主任影响较大，技术组（部）由班主任亲自领导，班主任还要承担对班干部的技术指导与培训工作，才能确保历届班级管理的技术得以传承。技术组（部）成员在班主任的指导下，需要认真学习各类技术，并尽可能快地掌握各类技术的要领，确保能够很好地配合班团活动的实施。班干部必须认真学好技术，才能较好地胜任班干部一职，充分地得到老师与学生的认可。

第四节 "幸福云教室"背景下的学生角色转变

常规的班级管理,值日班长每天都有班务日志记载,也有量化评分,但量化评分缺少实时的动态统计、问题分析与总结,评价粗略,且仅凭借主观印象处理问题。这些不足导致对班级管理不及时,对学生的肯定是模糊的,管理与激励效果相对比较差。久而久之,量化评价就失灵了,显得苍白无力。利用"幸福云教室"系统记录发布信息,统计表实时动态更新,日志自动生成,第一时间通过班内大屏反馈给学生,分析和总结有根有据,一目了然,学生与家长都能查阅。这些数据表与日志对学生自律性、自主性及自信心培养起了很好的作用,促进学生向更自主、更自律、更自信的方向转变。

一、向"更自主型"角色转变

教师在确定培养学生课前读书习惯的问题后,组织各小组长制定课前读书要求与规范。"课前读书"时间一般设定为3分钟,依据要求与规范,一般设定评价维度为三个方面:启动速度(小组各成员准备是否充分,响应是否及时,时间是否得到保障)、背记情况(背记内容是否少而精、针对性强,背记状态是否投入、专注)、纪律情况(是否有讲话、左顾右盼、搞小动作等情况)。由课代表宣讲三个维度的要求与规范,并安排每节课前学生评分。在实施过程中,由于明确了要求与规范,每节课前有专人针对各小组从这三个维度进行评分,并公示至黑板上,公示至黑板上的分数又由专人负责发布至系统,并在每节课前展示小组本周考核动态排名表。

系统中像这样的表格很多,如课堂表现、清洁卫生、自习课情况、班干部考评等。通过这一系列做法,在每节课前不断强化评价维度里各项要求与规范,将评价规则与要求内化成学生的习惯,让学生从被动变得更加主动,并能自觉按照评价维度中的要求自主规范自身行为,这种以数据表为驱动的量化考核,给学生明确了行动的方向,提升了学生的学习效率,充分培养了学生的自主性。

二、向"更自律型"角色转变

"幸福云教室"系统中各智慧工具依据班级管理的实际需要，针对小组与学生两个评价主体，从班级积分与记录次数两个角度，提供按"日、周、月、学期、学年度及任意时间段"查询的数据表。数据表动态更新，实时反馈。教师依据班级考核需要可以按日、周、月、学期及学年度等周期在班内定期展示考核排名表，通过展示排名表、分析总结及评价等手段有效地促进学生习惯的养成，让学生变得更加自律。如利用"课前读书"智慧工具培养学生课前读书习惯。在每节课前，安排学生对从"启动速度""读书情况""纪律情况"三个角度对小组读书情况进行评价，并将评价分数板书至黑板上，下课后科代表立即将评分录入系统。同时每节课前向学生展示课前读书情况的各小组本周考核排名表，教师通报当前第一名和最后一名，并指出各小组的薄弱问题。课代表每周一及每月初定期依据周与月数据表分析并总结上周或上月各组的读书情况，给做得差的小组提出发展性建议并予以适当的学业性惩罚，对做得好的小组进行表扬。这几张考核表使学生们的课前行为变得更规范、读书更自律。

三、向"更自信型"角色转变

"幸福云教室"系统中除了像"课前读书""清洁卫生""每日考勤""班干部考核"等促进习惯养成类智慧工具外，还有许多构建班级文化类的智慧工具，如"班级文化元素""每周之星""笑脸墙""奖状墙""班级相册""班级画册""班级生日祝福""高考倒计时牌"等，这些班级文化类智慧工具都自带班级海报功能。这些工具不仅能在发布消息时，将手机海报推送至家长手机上，还能通过教室内白板或投影在班内定时、循环滚动播报班级大屏海报。

"班级文化元素"包含班名、班级简介、班级目标、班级愿景、班级口号、班级誓言、班主任寄语、我们的老师、班干部团队、学委会团队、班徽、班旗、班训、班歌等14个方面，全方位立体地展示班级精神风貌；"每周之星"展示所评学生的座右铭、理想及个人优秀事迹等信息；同学们的一张张笑脸通过"笑脸墙"充满温情地由远及近地动态展示;"奖状墙"展示了学生前进中的每一个脚印;"班级相册"记录了一次次精彩活动的瞬间;"班级画册"展现了一幅幅充满正能量的班级精神画面;"班级生日祝福"会在孩子们生日当天送上来自班主任、教师及学生的祝福;"高考倒计时牌"激励着每一位高考学生奋力拼搏、直面自我。这些海报通过电脑屏保或计划任务定时打开,在班内高频次地循环展播,培养每位学生对班级的归属感,激发每位学生对班级的认同感。他们生活在这样的班级里,与班级一起进步,共同成长,会变得更加自信。

第五节 "幸福云教室"背景下的家长角色转变

家校合作是家庭与学校形成合力的重要教育方式，是提升教育效果的一个重要途径。在中小学基础教育中，家校合作非常重要。利用"幸福云教室"系统实施家校共育时，为了提升家校共育的效果，家长作为学生成长中至关重要的角色，也要有较大的转变。

一、向"如影随行型"角色转变

教师与家长的沟通方式在不断发生变化。起初是通过家长会、家访及打电话等方式与家长沟通交流，后来以"家校通""校讯通"为主，以手机短信方式进行沟通。由于费用等问题，以上沟通方式逐渐被 QQ、微信等免费的网络通信工具所取代。这些方式或存在地域、时间及私密性等问题的局限，导致信息沟通不畅或不能轻易群发消息。

针对以上问题，我们优化了"幸福云教室"系统。它可以面向家长点对点单发、多发或群发消息。通过声音（震动）和红点提示家长接到了新信息，同时提供可供家长查询的、按信息发布时间顺序排列的列表页。家长收到消息后，可即时查阅消息，也可闲暇时按照时间列表反复查阅消息，充分了解孩子的在校情况。在这种模式下，家长就会感觉孩子如影随行般和自己时刻在一起。家长随时随地拿起手机便能了解自己孩子的在校情况，有效避免了班级群内刷屏问题、信息私密性不强导致舆论导向偏离等问题。

家长们对这些消息起初可能并未引起重视，但时间久了，教师不断向家长发送消息时，就会引起家长的关注。家长时不时查阅班级信息的行为会变成一种习惯，甚至可能成为一种依赖，一种心理安慰，这使得家长与班级联系更加紧密。这种现象有别于传统的家长会、家访等方式的家校合作模式，它如影随行般地让班级、教师、学生与家长一直同在。

二、向"深度合作型"角色转变

父母都明白家庭教育对孩子成长与成才的重要性。如今，学生之间内卷现象严重，有些父母处于焦虑状态。在此状态下，他们会把自己的意愿过分地强加在孩子身上，导致与孩子之间不能相互体谅，久而久之家庭矛盾日趋激化。孩子有自己的隐私，加之电子产品盛行，网络游戏、各种小视频的影响，有些孩子越来越不愿意与父母交流。而父母也有各自的生活或工作上的压力，对孩子在校情况了解很少，交流的话题有限。除了经济支持之外，再就是离家时的叮嘱，其他交集相对较少。这一系列因素导致父母与孩子的交流越来越少，甚至会出现无法正常交流的情况。

学生在校生活的时间通常为 3～6 年，每位家长通过各类智慧工具累计接收到的信息量是很大的。一般囊括了班内各方面的信息，包括班内公开性消息（如班名、班训、口号、目标、愿景、班级简介、班主任寄语、老师简介、小组介绍、班级公约、班级各类活动或表彰文件及班级通知等）及孩子个人成长性消息（如日常在校考评信息、学习情况信息、每周之星评定信息、奖状、表扬信、活动照片、优秀文章及学生成长海报等）。这些信息能真实而清晰地将学生及所在的班级成长情况像史诗般的画卷展现在家长面前，这些成长中的点点滴滴一定无时无刻不在感动着每位学生的家长。

"幸福云教室"系统能行之有效地解决这一问题，就算孩子不主动和父母交流，家长利用闲暇时间，通过系统认真查阅这些信息，便能深度了解学生的在校情况。这些信息为父母提供许多适合与孩子沟通、交流的话题，贴近孩子生活的话题能帮助家长们完成一次次与孩子愉快地交流。家长也可以通过对这些信息的分析，找到孩子学业和成长中的困惑，及时引导与教育孩子健康成长。父母亲不再是偶尔通过家长会、家访或者从孩子嘴里了解孩子的情况，这些信息将会引导家长深度融进班级，促进家庭与学校深度合作。家长悄无声息地向"深度合作型"角色转变。

三、向"监督反馈型"角色转变

借助老师的要求，在家长配合下，帮助孩子培养良好的学习和生活习惯，是很多家长期望的一种教育方式。为了孩子的健康成长与学业提升，希望家长积极地配合教育孩子的工作，培养孩子良好的学习和生活习惯，也是教师希望的一种教育模式。家长与教师站在各自教育需要的角度提出的方式，通过"互联网+"方式能得到合理解决。

目前的现实情况是，家长缺乏与教师交流的主动性，而教师因工作量太大，也没有过多的精力主动联系家长，导致家长与教师无法形成合力。家长希望老师对学生提出明确的要求，教师因为班内孩子太多，无法完成个性化施教，所以需要家长配合与督促。"幸福云教室"系统中的某些智慧工具依据这一教育需要，集成教师对学生的评价要求，家长按照老师的要求，督促学生按要求完成相关任务，并将完成结果通过工具反馈给教师。智慧工具依据家校联合培养的目的生成相应的评价结果，用于教师指导或激励学生。如写字训练，系统将教师提出的写字要求（笔顺正确、字迹工整不潦草、行款整齐、纸面整洁、书写速度快、写字姿势正确等）集成于系统中，家长督促孩子练字，并将练字结果反馈至不同分类里，教师依据统计结果，肯定做得好的学生，对做得不足的学生进行指导，明确今后努力的方向。

教师合理的评价标准与家长们持续积极地监督和反馈，能让这种家校合作培养孩子学习和生活习惯的模式长久地持续下去。

四、向"密切参与型"角色转变

随着智能手机的普及，交流变得越来越方便快捷。家长渴望与班主任老师多交流，但班主任工作量太大，家长人数多（一个班级一般有五十左右位家长），因此没有时间和精力。于是，班主任的工作量与家长沟通的需要就存在着矛盾。因此，班主任一般选择利用群，面向群内全体家长群发一些公众性消息，省时省力。这种途径相对单一，信息流动具有单向性，班主任基本上属于"一言堂"，从根本上看无法充分体现家校合作式的班级管理。家长与学校教育、班级管理同步很难落到实处，而家长的密切参与对学校与班级又是必不可少的。

家长在"幸福云教室"系统环境下一般会成为家校"深度合作者"。在互联网平台的支撑下，成为"深度合作者"的同时，家长早已不是置身班级之外的一员，他们已成为班级中密不可分的一分子。家长们也会像学生一样期望参与到班级的管理中来，希望自己能在班内表达，期望自己能够为这个班级贡献一分力量。"幸福云教室"系统中的"家长感言""家长寄语""家长分享"等智慧工具为家长的需求提供了很好的渠道，家长可以通过发表自身感想与感悟，通过班级海报的形式投放到班级白板大屏上，激励班内每位同学的成长。每位家长都有着各自不同的人生经历与生活阅历，家长的现身说法对孩子的感染力是很大的。利用平台与白板屏连接家长与班级，家长密切参与到班级管理中来，他们便会成为班级管理的"密切参与者"，为班级发展、孩子成长助力。

五、向"终生学习型"角色转变

家长身为学生的父母，是学生的监护人，需要通过不断学习，更新教育理念，借鉴一些培养孩子好的经验，总结一些教育孩子不好的教训，了解各学科经典的学习方法与技巧，需要掌握一些调适心理及生活健康相关的小知识。

"幸福云教室"平台是学校与家庭的一座桥梁。系统中"家校互动"智慧工具由家委会主导，班主任监督，班主任、班委会及家委会三方共同管理。该工具设有"家长学校""教子随笔""学法技巧""心理调适""生活百科"等栏目。"家长学校"主要由班主任提供资料（班主任撰写的文稿或网络收集整理的文稿）；"教子随笔"与"生活百科"主要由家委会提供资料（家长撰写的文稿或网络收集整理的文稿）；"学法技巧"主要由班委会提供资料，一般由学生撰稿；"心理调适"相关资料由班主任和心理教师共同提供。班主任要求每位家长必须不定期接收并认真学习这些相关资料。此种做法省去了家长们到处查找资料的麻烦，增加了家长们的阅读量，针对性极强。

活到老，学到老。学习从来就不只是孩子的事情，家长应在精神上引领，在行动上身教。合理利用"家校互动"这款智慧工具，在班主任的监督下，家委会主导与领导下，在班内实现学习资料共享，积极促进家长学习的积极性。要摆脱家庭教育的困境，家长必须向"终生学习型"角色转变，从而实现父母与孩子同学习，共成长。

"幸福云教室"背景下班主任、学科教师、班干部、学生及家长角色的转变，让教育的视野变得更加开阔，教育的资源变得更加丰富，教育的效果也更加突出。"幸福云教室"，让我们更好地建立了一种更为宏大且必要的教育观——教育即世界。

第三章

"幸福云教室"下信息传递与流通模式

　　"幸福云教室"下信息传递与流通模式，依据"幸福云教室"系统中从管理端流向浏览端这一路径，总结提炼出12种信息传递与流通模式，并分析得出班级管理中信息传递与流通模式的九大特质。班主任（教师）通过了解信息传递与流通模式与特质后，能更科学有效控制信息传递与流通，从而更好地做好班级管理工作，提升教师（班主任）工作的价值，增强教师（班主任）的成就感。

第一节 "幸福云教室"平台支撑系统

"幸福云教室"平台作为技术载体，从班级层面保障了"教师—学生—家长"三方信息互联互通，三方评价、沟通体系有序、高效运行。

任意用户在使用"幸福云教室"平台时，都会涉及以下六大系统支撑，而每个主系统下面又分为若干个子系统。这其中不论是主系统还是子系统，都需要保证彼此之间的相对独立性，同时注意系统之间的信息关联性，如图3-1所示。

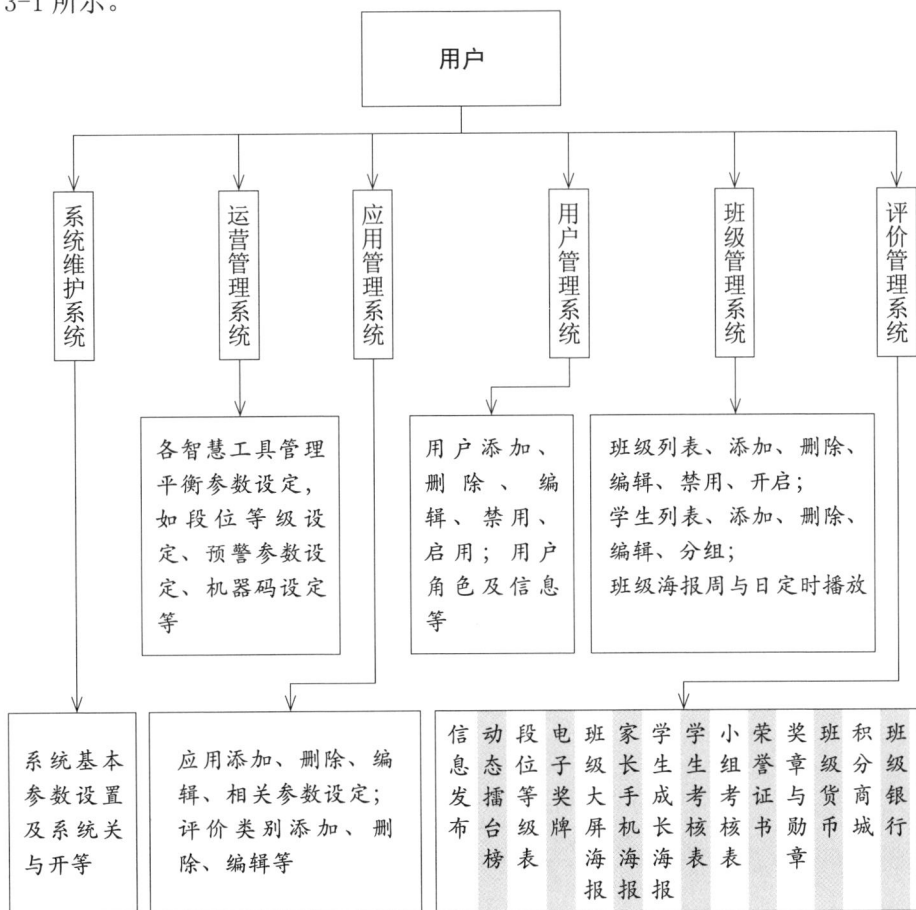

图3-1 "幸福云教室"系统之间的信息关联性

"幸福云教室"平台面向对象主要有三个，涉及两大功能（管理与浏览），依据面向对象划分，可分为以下三种：

教师管理端
（信息管理、发布及浏览端）

家长使用端
（信息发布及信息浏览端）

学生使用端
（信息浏览端）

按照承载终端来划分，平台又可分为以下两种：

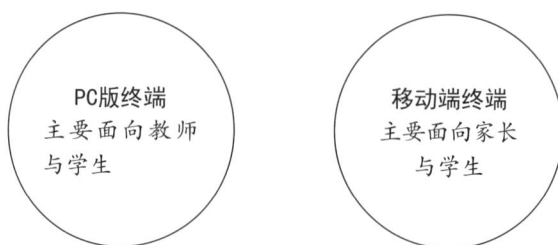

PC版终端
主要面向教师与学生

移动端终端
主要面向家长与学生

"幸福云教室"系统中按照从管理端发布信息流向浏览端查阅消息这一路径，最终会形成这样的12种信息传递与流通模式。

一、TTC模式

信息发送

教师

互联网
数据处理中心

接收信息

班内师生

图3-2 基于教师的"互联网+班级"的模式

TTC 是 Teacher-To-Class 的缩写，也可以写成 T2C。此模式是指教师（班主任）面向班级全体师生发布并展示班级信息的情况，一般发生在教室里。教师（班主任）发布信息后，学生利用教室里电子白板或投影仪集中统一接收并查看信息。常见形式有班级大屏海报、班级考核表等，例如，定期展示每周之星、班级奖状墙、笑脸墙等文化主题海报；每周或每月利用班级考核表说明或解决班级管理中出现的各类问题，此模式是教师（班主任）使用最普遍的情况，如图3-2所示。

二、TTP模式

图3-3 基于教师的"互联网+家长"的家校合作模式

TTP 是 Teacher-To-Parent 的缩写，也可以写成 T2P。此模式是指教师（班主任）面向学生家长推送（发送）消息，在教师发布消息后，家长通过家长端（如手机微信、手机钉钉等）即时接收并查阅班内公众性及与自己孩子相关的班级信息。如图3-3所示。常见形式有家长手机海报、学生成长海报、学生表现记录详情页等，例如，建设班级奖状墙时，每发布一张奖状，学生家长会收到一张手机奖状海报；评选每周之星并发布信息后，家长会收到该孩子所获得的每周之星手机海报；进行习惯养成教育时，每一次的表扬或批评记载，家长也能够收到相应的消息；等等。由于该模式家长接收到的信息量比较大，信息条数比较多，建议家长采取"静默"方式对待。

三、TTPTT模式

图3-4 基于教师的"互联网+家长"的家校合作模式

    TTPTT 是 Teacher-To-Parent-To-Teacher 的缩写，也可以写成 T2P2T。此模式是指教师（班主任）面向学生家长推送（发送）消息后，当消息送达家长端，并查阅信息后，教师（班主任）期望学生家长及时反馈信息。如图3-4所示。这种情况在当前家校共育过程中非常普遍，基于"幸福云教室"系统的手机海报功能，主要以"班级通知"形式呈现，通过链接或截图，再依托各类群（如微信群、钉钉群、QQ 群等）或点对点通信工具（如微信、QQ、钉钉等）实现信息推送，并期望家长能够及时反馈，此过程一般采取强提醒措施。

四、PTT模式

图3-5 基于家长的"互联网+教师"家校合作模式

PTT 是 Parent-To-Teacher 的缩写，也可以写成 P2T。此模式是指家长发布信息后，教师接收并定期查阅该消息的情况。如图 3-5 所示。常见以卡片式消息出现，一组卡片就是一次话题，这种情况主要是由教师（班主任）在线答疑，解答家长们在培养与教育孩子过程中所出现的各类纷繁复杂的问题。此过程对教师（班主任）而言，工作量巨大，家校合作效果非常好。

五、PTS模式

图3-6 基于家长的"互联网+学生"家校合作模式

PTS 是 Parent-To- Students（Class）的缩写，也可以写成 P2T。此模式是指家长发布信息后，学生接收并定期查阅该消息的情况。如图 3-6 所示。通常也是卡片式消息，一组卡片就是一次话题，如由于作息时间等原因，如遇生活相关问题，在校学生与家长通电话不及时，采取卡片式留言，然后通过学生卡读取信息就显得非常方便；也可采用"班级数据表"形式，如为了培养孩子在家合理利用时间的习惯，家长每次按照老师要求，及时打卡记录孩子在家利用时间的情况，学生再利用教室里电子白板或投影仪集中统一接收并查看自己在家利用时间的情况。这样一定程度上缓解了"PTT 模式"中出现的"教师（班主任）工作量巨大"的矛盾。同时也可以利用此模式实施"班级家书""我想对你说""为你点赞"等活动。

六、PTP模式

图3-7 基于家长的"互联网+家长"家校合作模式

PTP 是 Parent-To-Parent 的缩写，也可以写成 P2P。此模式是指家长发布信息后，学生家长接收并定期查阅该消息的情况，这种模式属于班内家长互学互助模式。如图 3-7 所示。班（校）内定期邀请家长"以教育孩子为主题做经验分享"撰稿，由家长委员会审稿，然后再推送给每位家长学习，提高"基于家长的家校合作"的有效性、针对性。

七、TTS模式

图3-8 基于教师的"互联网+校内全体师生"的模式

TTS 是 Teacher-To-School 的缩写，也可以写成 T2S。此模式是指教师（班主任）面向校内全体师生（All teachers and students in the school）发

布信息，校内全体师生通过校园内大屏、本班教室外电子班牌接收并查看班级消息。如图3-8所示。此模式与"TTC模式"极为相似，常用"班级大屏海报"形式呈现信息，宣传的广度更大、弘扬正气的力度更强，上升到了年级、学校层面。定期通过"班级大屏海报"展示每周之星、班级奖状墙、笑脸墙等文化主题海报宣传班级优秀人与事。

八、TTPS模式

图3-9 基于教师的"互联网+学生"的模式

　　TTPS 是 Teacher-To-Personal Student 的缩写，也可以写成 T2PS。教师（班主任）面向学生个人推送（发送）消息，在教师发布消息后，学生通过学生端（如手机微信、手机钉钉等）接收并查阅班内公众性及与学生自己相关的班级信息。如图3-9所示。由于中小学学生通信工具不准带入校园，学生只能通过放学后及假期时间利用父母手机查阅相关信息，学生基本上无线上反馈信息或返校后与教师当面交流和反馈。常见形式有学生成长海报、学生手机海报。这些碎片化信息的吸引力对学生而言，远低于网络游戏的吸引力。

九、STS模式

图3-10 基于学生的"互联网+学生"的模式

STS 是 Student-To -Student 的缩写，也可以写成 S2S。此模式是指学生发布信息后，学生接收并定期查阅该消息的情况，这种模式属于班内学生互学互助模式。如图 3-10 所示。该模式在班内应用极广，例如，班内同学积极为他人撰写"颁奖词""个人事迹"等；在"我想对你说""为你点赞"等活动中，不断发现班内学生的真、善、美等正能量，以及存在的消极、负能量等；在学习方法与经验分享海报的制作与展示中，不断取别人之长，补自己之短，促进学生在快乐中成长，在成长中进步。

十、STT模式

图3-11 基于学生的"互联网+教师"的模式

STT 是 Student-To-Teacher 的缩写，也可以写成 S2T。此模式是指由学生发布信息，教师（班主任）接收信息。如图 3-11 所示。在此模式中学生通常采用 QQ、微信等即时通信工具。"幸福云教室"通常采用卡片式消息，一组卡片就是一次话题。应用于在线解答、在线心理辅导等方面。

十一、TTT模式

图3-12 基于教师的"互联网+教师"的模式

TTT 是 Teacher-To-Teacher 的缩写，也可以写成 T2T。此模式是指科任教师与班主任、科任教师与科任教师之间信息互联互通等情况。如图 3-12 所示。例如，当科任教师同时使用学科教学牌、班主任使用班务日志等应用工具时，教师与班主任只需登录平台，就能查阅班级各类情况以及学生各种情况，这样能促使班主任及科任教师充分、全面地掌握班内各类情况，以便在自己的教育教学过程中做出更科学、更有针对性的决策，进而促进班级朝着更加有序的方向发展。

十二、TTE模式

图3-13 基于教师的"互联网+所有人"的模式

　　TTE 是 Teacher-To-Everyone 的缩写，也可以写成 T2E。此模式是指教师（班主任）面向社会上所有人发布并展示班级信息。如图 3-13 所示。一般发生在家长会期间、校园开放日等时间段，教师（班主任）利用在教室以外的终端，如挂在教室外墙体上的电子终端电子班牌，也可能是校园内的电子大型显示屏，一般无反馈。当然也可将班内资料同步至各种社交媒体（如微信订阅号、百度百家、头条、美篇等）对班级进行宣传，该过程可能存在信息反馈，但是辐射范围更大，引领作用更强。

第二节　"幸福云教室"下班级管理中信息传递与流通模式的特质

12 种信息传递与流通模式充分体现了"互联网＋班级"过程中信息传递与流通的丰富内涵，教师（班主任）研究并充分运用班内信息传递与流通情况，能使班级管理变得更加有效。与此同时，我们不难发现"幸福云教室"下班级管理中信息传递与流通模式的多个特质。

一、教师与学生通常处于分离状态

在传统的教育教学过程中，教师与学生必须在同一地点，同一时间，通常是在教室这一封闭空间才能开展各类教育活动及教学任务。而基于"互联网"环境下，各类教育活动及教学任务可以不受任何时间、地理条件的限制，教师、家长及学生依靠互联网平台快速获得各类信息。虽然彼此没有在同一时间里出现在同一地点，但是在获取信息过程中大家都在接受教育，并在不断做出相应的改变。

二、随时随地接收班级信息

由于互联网无边界的特点，促使班级教室的边界变得模糊，学生、家长及教师可以在各种终端和网络环境下随时随地发布、接收、查阅班级信息，延伸教育及受教育的对象，使教育不再受时间、空间的限制，边界变得无限大，有效提升了教育信息的实时性和准确性。

三、家庭与学校教育连接更紧密

特级教师王欢老师曾经强调："教育的效果取决于学校和家庭教育影响的一致性。"只有让学校教育和家庭教育两条腿真正协调统一起来，才能让孩子在生命成长中迈开双脚、快乐奔翔。家庭与学校（班级）中孩子的相关信息基于"互联网"与信息技术实现实时无缝共享，让家庭教育与学校教育连接得更加紧密，让教育方式与方法变得更加科学、有效。

四、学生个性化信息促使个性化教育

"有教无类""因材施教"早在三千多年前孔子就已提出，但因种种原因，在传统教育中实施起来非常困难。然而，现在我们可以利用信息技术强大的记录、自动统计与计算功能，自动建立并生成学生个人成长档案，再利用大量信息构成的成长档案，发现学生特质，形成个性化评价及发展性建议，便能针对不同学生有效实施个性化教育。

五、考评角度更丰富，形式更多元

班团活动是丰富多彩的，相应的班级管理工具种类也是繁杂多样的，通过信息技术记录评价的角度也是多种多样，呈现形式也是多元的。如考评涉及学生思想品德、平时及课堂表现、个人考勤及清洁、学业等情况，激励形式有奖状、勋章、电子奖牌、段位等级、班级物品与特权、班级纪念册等，多元化评价推动学生全面发展，激励效果更显著，使学生的成就感更突出。

六、班级管理过程更具规范性

由于教师（班主任）琐事繁多，目前新常态下的班级管理随意性非常强，班团活动进行及制度的延续很容易被中断或更改，而充分利用各类班级管理工具所既定的流程，持续完整地实施各种班团活动，充分减少班级管理的随意性，使班级管理过程更规范，更容易达成既定的教育目的。

七、"以教师印象为中心"向"以学生表现为中心"转变

在传统的班级管理中，教师尤其是班主任在班内具有绝对的权威。但是以互联网与信息技术支撑的数据为中心的班级管理，数据因学生而形成，所有人均可因查阅、分析这些学生数据而做出相应的决策，这就促使教师在实施班级评价时，由以往"以教师印象为中心"的评价向"以学生表现为中心"的评价转变。

八、信息传递与流通变得高频而持久

电子版信息，它具备可重复性、开放性、及时性、全面性等特征，这势必会导致家长、学生、教师查阅信息频率变高，阅读时间变得更持久。例如，每次接收奖状、每周之星评价信息后，家长还可以通过信息列表查阅往期信息；班级考核信息可以反复调取各时间段的情况进行分析比对，找到更科学的解决问题的办法；在班级文化建设过程中，班级大屏海报在教室内屏幕上高频循环滚动播放。

九、个人对个人互动更突出

在传统的教学环境下，因时间与空间的限制，各类交流局限在教室这一空间，但是在互联网平台中，班内信息能够不受时间与空间限制，随时随地被家长、学生、教师查阅，家长、学生、教师彼此之间通过平台了解的班级信息更多、更全面，这样便使得家长、学生、教师通过点对点通信工具实行个人对个人互动变得更加突出。

总之，通过对"幸福云教室"下信息传递与流通模式的提炼及多种特质的总结，让教师（班主任）更加清晰地了解并掌握班级管理中的一系列路径，充分明白"信息传递与流通"有效控制对班级管理的意义，从而更好地做好班级管理工作，提升教师（班主任）工作的价值，增强教师（班主任）的成就感。

第四章

"幸福云教室"下班级管理的常见路径

本章主要阐述"幸福云教室"下班级管理的常见路径，共分为六个部分：第一部分以"每周之星"为例，概述"幸福云教室"下班级管理中的信息流通情况，总结归纳出班级管理的四条常见路径；第二部分到第五部分，依次介绍班级管理的四条常用路径，分别为班级图文海报、班级奖励积分、班级激励道具、班级纪念册；第六部分介绍班级管理的三种拓展路径，分别为班级实用小工具、班级小游戏和班级微专题。六个部分的内容既可独立成章，又集中形成一个有机整体。

　　我们在研究班级管理时，往往对学生、班级事务及班级活动的管理关注较多，而对班级信息流通管理几乎视而不见。要想利用信息技术管理班级，我们必须从了解"信息"开始。所谓班级信息，就是教师根据一定的教育目的，在班级运营过程中产生的各种与学生、教师、家长及班级环境相关的信息。一般包括以文字、图片、音频、视频、图表等形式形成的各种日志、文件等资料。例如，班级与小组及寝室等各类公约、各种活动方案、过程性图文及影音资料、管理过程中用于记载日常情况的日志与图表等。这些信息真实客观地记载着班级的发展和学生的成长情况。

　　在信息化时代，学生、教师及家长间通过互联网平台进行交流与互动时会产生大量的班级信息。这些信息在形成、发布、接收等过程中，在不同空间里，在学生与教师、学生与家长、教师与家长之间，按照时间顺序传递。这种信息传递的过程就是信息流通的过程。它能真实客观地反映各对象间的关系及状态，服务于班级管理，因此被视作班级信息流动。

　　班级信息流动有序地控制和科学地管理能实现教育目的和教育价值的最大化。因此，作为教师，加强对班级信息的流通管理与研究势在必行。

　　那么，"幸福云教室"下班级管理中的信息流通情况究竟是怎样的呢？我们以教师最常开展的"每周之星"为例，来分析班级管理中的信息流通情况。

第一节 "幸福云教室"下班级管理中的信息流通

"每周之星"评选活动是最受师生欢迎的班级活动之一。它以发现学生的闪光点为目的，定期、持续地评选出班级优秀学生或团队，并授予"每周之星"荣誉称号。它充分肯定学生的表现，鼓励孩子养成良好的行为习惯，引导孩子成为更好的自己。

"每周之星"活动实施的常规流程为："每周之星"活动班内宣传→"每周之星"活动评选制度的讨论和制定→每周定期评定"每周之星"学生或团体→依据评定结果，为学生或团体撰写、修订个人事迹材料→打印（印刷）并粘贴班级海报至班级公告栏→师生查阅学习。

"幸福云教室"下班级"每周之星"活动实施的流程优化升级为："每周之星"活动班内宣传→讨论和制定评选制度→评定"每周之星"学生或团体→撰写、修订事迹材料→打印（印刷）并粘贴至公告栏→师生查阅学习→将评定信息发布至"幸福云教室"系统中→班内定期循环展示"每周之星"海报→家长即时接收和查阅信息→生成"每周之星"次数和积分排行表→依据评定结果颁发奖章→下载 PDF 文件组合，将其集成为电子书→印刷纪念册颁给学生留作纪念。

依据"每周之星"的"互联网+"做法提取信息流通情况如图 4-1 所示。

"每周之星"前期做法不变

生成班级电子海报。利用电脑屏保、Windows系统的计划任务功能或定时打开软件工具定时打开班级大屏海报，并在教室白板后投影上自动展示播放

将"每周之星"评定信息发布至"幸福云教室"系统

家长即时接收并查阅"每周之星"图文式手机海报消息

生成"每周之星"学生及小组获得次数和积分排行表，供教师再利用

下载"每周之星"评定信息PDF，并集成为电子书（纪念册），将纪念册印刷成册。班级纪念册颁发给学生，留作纪念

依据评定结果颁发"每周之星"奖章

……

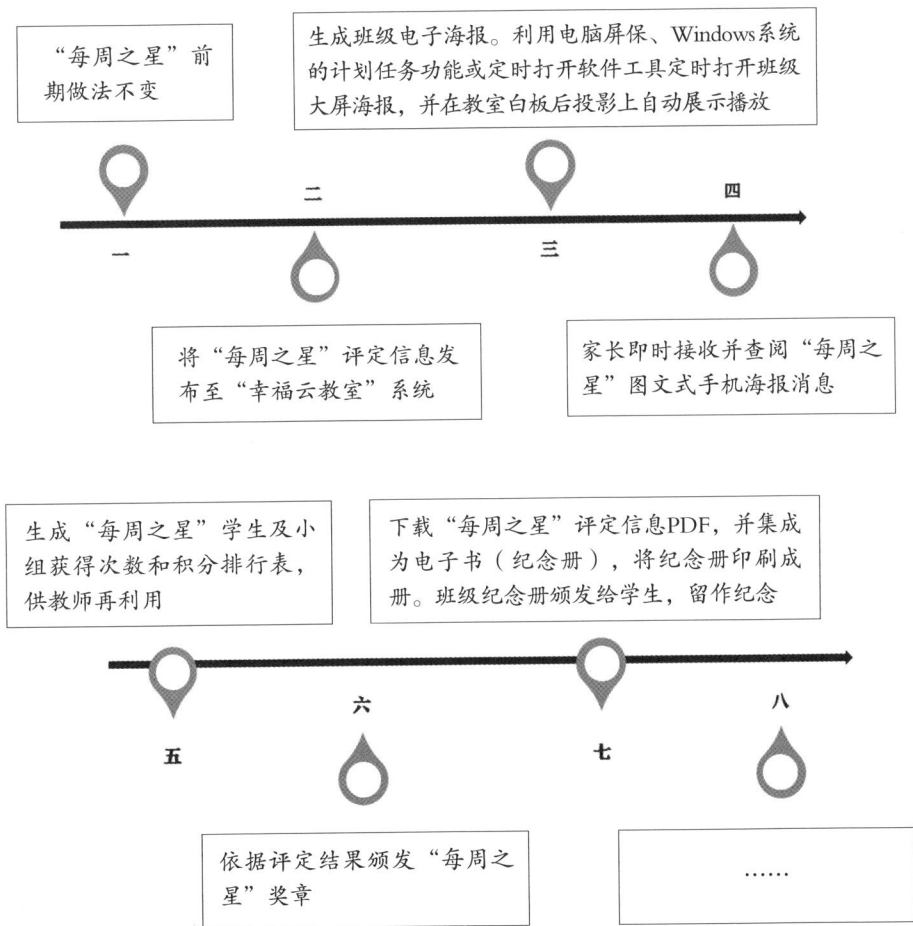

图4-1 "幸福云教室"系统中"每周之星"的信息流通情况图

从"幸福云教室"系统中"每周之星"的信息流通情况来看，我们可以总结出四条班级管理路径：

第一条路径，班级图文海报。班级图文海报主要分为班内大屏海报和家长手机海报。班级大屏海报能自动在教室白板、投影、电子班牌、教师电脑、家长电脑上展示，主要用于班级文化建设。家长手机海报主要用于家校合作，家长能第一时间接收，可供家长即时查阅或闲暇时查阅。这种静默式沟通，能极大程度地减轻家长压力，提高家校合作效率。

第二条路径，班级奖励积分。班级奖励积分运用的主要形式有五种，分

别为班级考核表、班级动态擂台榜、班级段位等级表、班级电子奖牌、班级积分商城。系统自动生成班级考核表、班级动态擂台榜、班级段位等级表供班主任和班干部直接运用，免除了学生手动记录、统计的麻烦，实时动态更新，最大程度地激励学生进步。系统自动颁发班级电子奖牌，对班主任来讲几乎零负担，但激励效果很好。班级积分商城融入企业模式管理班级，能充分调动学生的积极性。

第三条路径，班级激励道具。教师常用道具有三种，分别为班级证书、班级奖章、班级货币。利用"颁奖班会"颁发班级证书与班级奖章对孩子进行仪式感教育，通过庄严的仪式培养学生的敬畏之心，规范言行，激发斗志，成就更好的自己。班级货币帮助学生端正对待财富的态度，从而树立正确的财富观。

第四条路径，班级纪念册。班级纪念册是利用系统内积淀下来的数据，按照一定逻辑生成的各种电子书。电子书可印刷作为礼品或奖品颁发给学生，实现线上线下闭环式教育效果。

在四条管理路径中，系统会自动生成许多表和日志，自动完成许多环节，不仅不会增加班主任工作量，还在一定程度上完美融合了传统班级管理的做法，大大增强了班级管理的效果，实现了减负增效。

第二节 班级图文海报

班级图文海报主要分为班内大屏海报和家长手机海报。

一、班内大屏海报

班内大屏海报是一组以丰富的颜色为背景的图文并茂式横版满屏电脑海报。它能添加音乐或视频，并以此为背景，通过教室白板、电子班牌等多媒体显示屏横向、满屏、循环滚动、自动定时展播。班内大屏海报主要用于班级文化建设、家校合作等。

"幸福云教室"系统中大屏海报样式很多，从一次性显示频数上分类，可分为多屏滚动海报和单频海报。常见的多屏滚动海报有每周之星、月度之星、奖状墙、喜报墙、励志宣言等内容；常见的单屏海报有高考倒计时牌等。

多屏滚动海报采用满屏、7种纯色背景颜色交替出现、分栏布局等形式显示；依靠教室白板或电子班牌以每8秒1屏，每屏中包含1～8条信息，一般24屏，在班内循环滚动播报，信息量大、频率高、师生喜爱。常见有以下几种，如图4-2至图4-5所示。

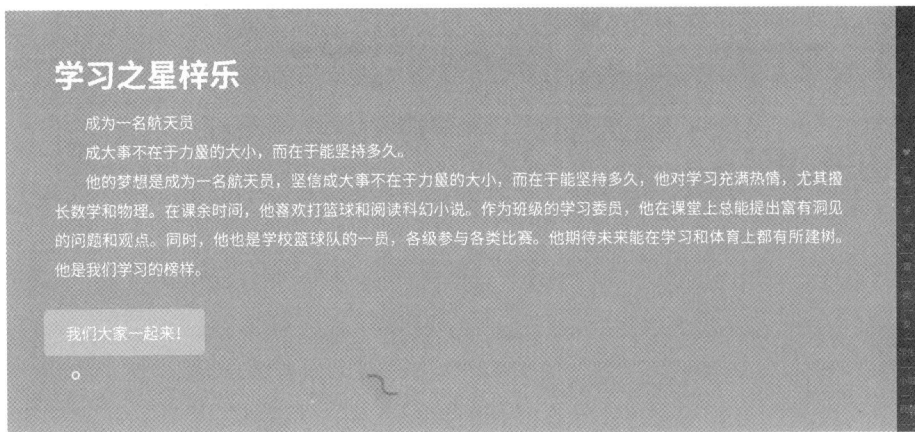

图4-2 图文式海报（每周之星）

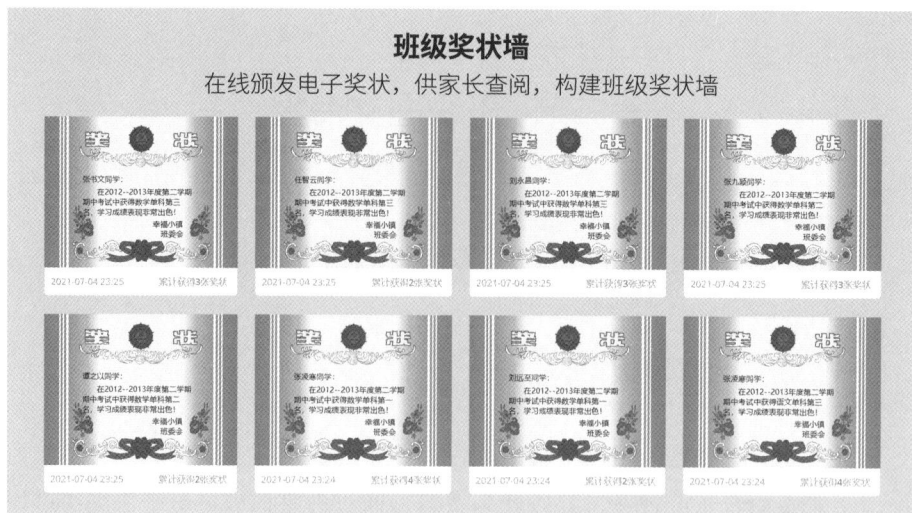

图4-3 证书类海报（奖状）

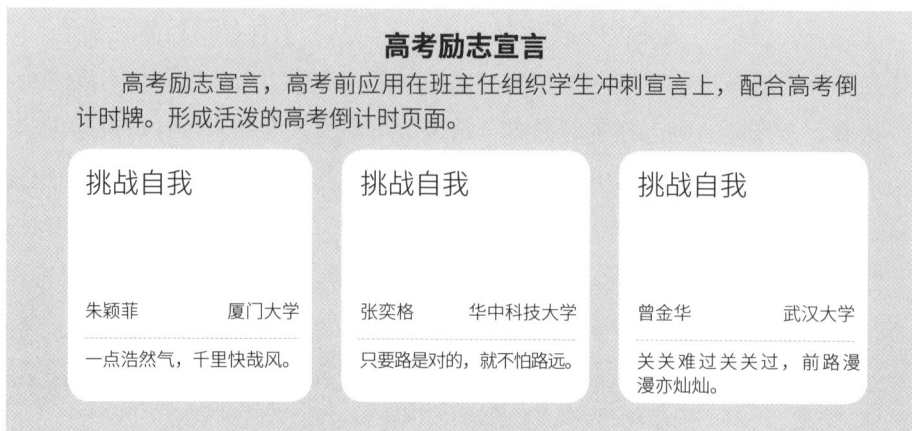

图4-4 标语式海报（宣言）

图4-5 功能类海报（高考倒计时牌）

一般单频海报涉及的主题内容（如高考倒计时）不需要通过滚动播放，通常采取局部滚动增大页面信息量，增加海报的教育内涵。如高考倒计时牌海报除了倒计时内容外，还增添了"我想对你说""高考励志宣言""考前心理调适""班级誓词"等内容。

班内大屏海报常用方法有三种：

一是利用电脑屏保通过一体机（白板）自动打开班内大屏海报。将班内大屏海报设定为班级教室电脑屏保，电脑开机后，在鼠标不活动一段时间（默认15分钟，可以自行设定）后，电脑屏保便会自动启动，从而通过教室白板展播海报内容。

二是利用Windows系统计划任务功能定时打开班内大屏海报。运用班级教室电脑Windows系统计划任务功能，依据学校作息时间，在固定时间（学校作息时间中的空挡时间）内通过教室电脑自动打开班内大屏海报，从而通过教室白板展播海报内容。

三是随电子班牌启动而自动加载班内大屏海报。这种方式比较简单，只需要将班内大屏海报设定为随机器自行启动即可。班级教室电脑或电子班牌每次启动时会自动加载班内大屏海报，电子班牌一般安装在教室门前，通过这种方式可以面向班内外师生展示班内大屏海报。

家长与教师都可按照第一种或第二种方法在自己电脑上设定，通过班内大屏海报了解班级动态。

班级大屏海报主要展示学生、教师、小组及班级精神风貌，也可用于树立典型、表彰先进，对班级文化建设起到重要作用，主要体现在以下五个方面：

一是引导学生观察、发现及启发学生反思自我。班级活动宣传、班级典型评选、颁奖活动讨论与举办、颁奖词的撰写修订及定稿、采用班内大屏海报循环滚动展播等环节，都能在无形中引导学生仔细观察及用心发现身边的人与事，促进学生多角度自我反思。

二是培养学生撰稿能力，增进学生之间的友谊。班内学生相互之间要撰写各种不同类别的颁奖词、激励词及评语等，撰写完毕后还需要逐词逐句地修改，最后定稿，定稿后再交与被评人最后一次确定。在这个过程中，学生之间不断地探讨与交流，不仅能培养学生撰稿改稿的能力，还能增加学生之间的情感交流和友谊。

三是提升信息技术能力，促进学生兴趣发展。海报的使用涉及若干种技术的有序配合，如打字能力与文字校对、语音转换成文字、图片的拍摄及美化处理、平台的使用与发布、机器码的设定、每周海报展示的设置、定时任务的设定等技术。当这些技术按照要求设定好后，便能按照既定目标，定时在班内大屏上展示这些海报。这个过程不仅让学生学习了信息技术的知识，同时也被自动化的便捷性所吸引，促进学生兴趣的发展，提升学生自我成就感。

四是展现班级精神风貌，增强班级凝聚力。班级文化元素大屏海报包含班级简介、口号、班训、班主任寄语、教师风采、班委会风采等。每周之星海报展示班内典型人与事；各类证书类海报展示班级与学生荣誉；班级公约海报展示各种规章制度；等等。这一系列的海报在班级内外全景式展示班级精神风貌，让学生产生一种归属感，增强了班级凝聚力。

五是高频展播班级信息，引导学生快乐成长。月度（每周）之星动态展示最新 16 位每周之星，班级奖状（证书）墙动态展示最新 32 张奖状，表扬信动态展示最新 12 封信，还有动态擂台榜、段位等级表、班级电子奖牌等。这些大屏海报无时无刻不在被电脑自动定时开启，被班级白板（投影）高频率、不断循环、无间断地滚动展播，这些对学生的肯定性信息不断被学生看到，远胜过老师老生常谈式的说教，对学生快乐成长起到了极好的引导作用。

二、家长手机海报

家长手机海报，面向的对象为家长或学生。在班级发布信息时，供家长通过手机即时接收、查阅，在内容上与班级大屏海报保持一致。版式上为了适应家长阅读，一般采用竖版。内容详情一般在上端，下端常附有统计数据表，方便家长掌握学生在校动态。有些图片信息，可采用手指滑动或自动滚动方式供家长查阅，必要情况会配有背景音乐，如图4-6所示。

图4-6 单页式家长手机海报（按项目）

以上此类单页式家长手机海报一般以所涉及的项目为中心，设计了消息提示卡片页（发布时即时提醒家长查收的引导页）、列表页（以时间为顺序罗列历次获得评价的记录，用于家长反复查阅）以及内容页（包含本次评价信息的详细情况），列表页与内容页之间可以灵活切换，方便家长深度了解学生在校情况。

图4-7 常见内容页

图4-7为常见家长手机海报内容页：奖状类、表扬信类、荣誉证书类、喜报类等，与此相似的海报还有100多种，教师依据实际需要进行选择性使用。

手滑式学生成长海报是基于学生成长过程产生的数据，生成学生成长海报，此海报类似于成绩单，但是比成绩更高大上，包含的信息更全面。它主要包含学生阶段性在校表现的综述情况、详细情况及学习方面的奖励情况，每月或每学（年）期定期推送给家长，供家长充分了解学生在校表现及学习情况。

家长手机海报常用的查阅方法有两种：

一是家长即时接收消息，通过卡片消息方便快捷进入查阅。当班级发布消息时，可以选择是否推送给家长。如果推送，家长便会在班级发布消息时，第一时间接收到来自班级的消息。家长接收到消息后，可立即查看，也可闲时查看，进入后再通过右上角了解学生与本项目历次相关的消息。

二是家长绑定学生信息，通过家长中心随时随地进入查阅。此方法一般先要找到公众号，然后从公众号底部的"家长中心"栏目进入。家长首次进入，家长个人微信需要绑定孩子信息，确保孩子与家长信息匹配，以后家长每次便能直接进入孩子所在班级，按家长意愿查阅班级及孩子相关信息。此方法没有即时提醒，但可随时随地、系统全面地访问。

家长通过以上两种方法，了解该班级和学生情况后，会寻找到许多与孩子沟通的话题，增强父母与孩子之间的交流与沟通。

家长手机海报是连接家长的重要渠道，它以高效的方式架起家校彩虹桥，提高了家庭与学校携手教育的效率。主要表现在以下三个方面：

一是让家长了解班级公众信息，提升对班级的认同感。"幸福云教室"系统有机地将家长融入班集体，家长成为班集体中的一员。家长对班级公约、班级简介、班徽、班旗、班训、班歌、班级目标、班级愿景、班级口号、班级誓言、班主任寄语、我们的老师、班干部团队等一系列面向班级全体成员公开的信息了解也是必不可少的。通过让家长充分了解这些信息，提升家长对教师工作的认同，进而提升家长对学生所处班级及学校的认同感。

二是让家长接收孩子专项信息，系统了解学生在校情况。以奖状为例，家长接收到获得奖状的卡片式信息后，点击卡片进入，查阅本次所获奖状信息。该奖状信息界面，还有引导家长和学生查阅历次所获奖状信息的链接以及所得积分与次数汇总信息。家长通过系统查阅学生奖状情况，系统了解学生在校情况，"幸福云教室"系统中所有的智慧工具都采用这种"列表＋内容"模式。

三是让家长查阅学生成长海报，感悟学生身心成长的脉动。学生成长海报首先展示学生的基本信息，随后综述学生表现，包含所获奖励总分、惩罚总分、所获证书数、奖状数，每周之星获评次数，被鼓励多少次等信息。系统阶段性（每月、每学期、每学年及整个学段）生成学生成长海报，并通过微信或钉钉定时定期推送给家长和学生，让学生和家长感受到生命成长的印记，感悟学生身心成长的脉动。

第三节　班级奖励积分

　　班级奖励积分运用的主要形式有五种，分别为班级考核表、班级动态擂台榜、班级段位等级表、班级电子奖牌、班级积分商城（超市）。

一、班级考核表

　　班级考核表依据班级管理的需要可分为两类，一类是单个活动项目考核表，仅限于对该活动评价与考核，如"每周之星"活动考核表仅统计"每周之星"的各"星"分类汇总及全部"星"分类总和情况；另一类是当班级选择使用多款工具后，每款工具将会生成一组第一类的表，但是这些被选择使用的工具中的分数或次数会再组合形成一组全部数据的汇总表。该表应用于班级对学生全方位考核，如班务日志中通常包含考勤、上课、自习课、学习、眼保健操、大课间及文明礼仪等情况，按照需要选择对应的7款工具，每款工具除了生成一组第一类表之外，还会生成以这7款工具数据汇总的一组考核表。

　　班级考核表的样式如表4-1至表4-10所示。

表4-1　学生单项目（每周之星）原始分及考核（折合）分汇总表

序号	小组	学生	纪律之星	学习之星	进步之星	管理之星	才艺之星	运动之星	孝顺之星	助人之星	劳动之星	卫生之星	汇总	折合分
1	1组	肖鑫豪	1.00	1.00	2.00	1.00	1.00	1.00	1.00	1.00	2.00	1.00	12.00	0
2	1组	胡新月	1.00	1.00	2.00	1.00	1.00	1.00	1.00	1.00	2.00	1.00	12.00	0
3	1组	刘欣雨	1.00	1.00	2.00	1.00	1.00	1.00	1.00	1.00	2.00	1.00	12.00	0
4	1组	蔡天宇	1.00	1.00	2.00	1.00	1.00	1.00	1.00	1.00	2.00	1.00	12.00	0
5	1组	王陈俊	1.00	1.00	2.00	1.00	1.00	1.00	1.00	1.00	2.00	1.00	12.00	0
6	2组	刘宇航	1.00	1.00	1.00	2.00	1.00	1.00	1.00	1.00	1.00	2.00	12.00	0
7	2组	王黎菲	1.00	1.00	1.00	2.00	1.00	1.00	1.00	1.00	1.00	2.00	12.00	0
8	2组	谢俊飞	1.00	1.00	1.00	2.00	1.00	1.00	1.00	1.00	1.00	2.00	12.00	0
9	2组	常俊帅	1.00	1.00	1.00	2.00	1.00	1.00	1.00	1.00	1.00	2.00	12.00	0
10	2组	黄俊林	1.00	1.00	1.00	2.00	1.00	1.00	1.00	1.00	1.00	2.00	12.00	0
11	3组	李晓智	1.00	1.00	1.00	1.00	1.00	2.00	1.00	1.00	1.00	1.00	11.00	0
12	3组	熊栩斌	1.00	1.00	1.00	1.00	1.00	2.00	1.00	1.00	1.00	1.00	11.00	0
13	3组	王倩冉	1.00	1.00	1.00	1.00	1.00	2.00	1.00	1.00	1.00	1.00	11.00	0
14	3组	罗家燕	1.00	1.00	1.00	1.00	1.00	2.00	1.00	1.00	1.00	1.00	11.00	0

表4-2 学生单项目（每周之星）次数汇总表

序号	小组	姓名	纪律之星	学习之星	进步之星	管理之星	才艺之星	运动之星	孝顺之星	助人之星	劳动之星	卫生之星	次数汇总
1	1组	肖鑫豪	1	1	2	1	1	1	1	1	2	1	12
2	1组	胡新月	1	1	2	1	1	1	1	1	1	1	12
3	1组	刘欣雨	1	1	2	1	1	1	1	1	1	1	12
4	1组	蔡天宇	1	1	2	1	1	1	1	1	1	1	12
5	1组	王陈俊	1	1	2	1	1	1	1	1	1	1	12
6	2组	刘宇航	1	1	1	1	1	1	1	1	1	2	12
7	2组	王黎菲	1	1	1	1	1	1	1	1	1	2	12
8	2组	谢骏飞	1	1	1	1	1	1	1	1	1	1	12
9	2组	常克帅	1	1	1	1	1	1	1	1	1	1	12
10	2组	黄俊林	1	1	1	1	1	1	1	1	1	1	12
11	3组	李晓智	1	1	1	1	1	1	1	1	1	1	11
12	3组	熊杨斌	1	1	1	1	1	1	1	1	1	1	11
13	3组	王倩冉	1	1	1	1	1	1	1	1	1	1	11
14	3组	罗宗燕	1	1	1	1	1	1	1	1	1	1	11

表中包含信息说明：1. 按组别查阅组内学生考核分或次数；2. 自定义任意时间段查阅学生考核分或次数；3. 按当天、昨天、近7天、近14天、近30天、本周、上周、本月、上月、近6月、本季度、上季度查询学生考核分或次数（这些表可直接在线打印）；4. 学生及小组信息；5. 单项目（每周之星）分类统计项目；6. 学生的原始分和折合（考核）分或次数列表栏。

表4-3 学生全部项目考核分汇总表

序号	小组	姓名	早自习情况	课堂情况	大课间情况	午自习情况	日自习情况	跑操情况	寝室情况	晚自习情况	考勤记载	清洁卫生考评	其他奖惩	汇总
1	1组	肖鑫豪	1.00	3.00	1.00	1.00	1.00	1.00	1.00	1.00	0.00	1.00	1.00	12
2	1组	胡新月	1.00	3.00	1.00	1.00	1.00	1.00	1.00	1.00	0.00	1.00	1.00	12
3	1组	刘欣雨	1.00	3.00	1.00	1.00	1.00	1.00	1.00	1.00	0.00	1.00	1.00	12
4	1组	蔡天宇	1.00	3.00	1.00	1.00	1.00	1.00	1.00	1.00	0.00	1.00	1.00	12
5	1组	王陈俊	1.00	3.00	1.00	1.00	1.00	1.00	1.00	1.00	0.00	1.00	1.00	12
6	2组	刘宇航	1.00	3.00	1.00	1.00	1.00	1.00	1.00	1.00	0.00	1.00	1.00	12
7	2组	王黎菲	1.00	3.00	1.00	1.00	1.00	1.00	1.00	1.00	0.00	1.00	1.00	12
8	2组	谢骏飞	1.00	3.00	1.00	1.00	1.00	1.00	1.00	1.00	0.00	1.00	1.00	12
9	2组	常克帅	1.00	3.00	1.00	1.00	1.00	1.00	1.00	1.00	0.00	1.00	1.00	12
10	2组	黄俊林	1.00	3.00	1.00	1.00	1.00	1.00	1.00	1.00	0.00	1.00	1.00	12
11	3组	李晓智	0.00	3.00	1.00	1.00	1.00	1.00	1.00	1.00	0.00	1.00	1.00	11

表4-4 学生全部项目原始分汇总表

表4-5 学生全部项目导出的原始分汇总表（电子表格界面）

组别	学生姓名	手机号	学号	每周之星	班级奖状墙	班级喜报	班级文化元素	高考倒计时	高考励志宣言	我想对你说	课堂评价	考勤情况	班级动态窗
2	安崖	18007527525		7	0	0	0	0	0	0	0	0	0
3	白亦	13888888888		7	0	0	0	0	0	0	0	0	0
4	博皓	14324345454	14324345454	7	0	0	0	0	0	0	0	0	0
10	承丹	14324345448	14324345448	7	0	0	2	0	0	0	0	0	0
7	诚逸	14324345433	14324345433	7	0	0	2	0	0	0	0	0	0
8	德琦	14324345441	14324345441	7	0	0	2	0	0	0	0	0	0
2	涵易	18007527525		6	0	0	2	0	0	0	0	0	0
3	寒淼	14324345434	14324345434	6	0	0	2	0	0	0	0	0	0
4	翰藻	14324345440	14324345440	6	0	0	2	0	0	0	0	0	0
6	杭桥	14324345444	14324345444	6	0	0	2	0	0	0	0	0	0
7	恨桃	13888888888		6	0	0	0	0	0	0	0	0	0
8	鸿垚	14324345452	14324345452	6	0	0	2	0	0	0	0	0	0
2	桦炜	14324345459	14324345459	6	0	0	2	0	0	0	0	0	0
3	幻巧	18007527525		6	0	0	0	0	0	0	0	0	0
5	嘉勋	14324345463	14324345463	6	0	0	0	0	0	0	0	0	0
6	建东	14324345457	14324345457	6	0	0	2	0	0	0	0	0	0
7	建冬	14324345436	14324345436	6	0	0	2	0	0	0	0	0	0
8	俊庚	14324345465	14324345465	6	0	0	2	0	0	0	0	0	0
2	楷韬	14324345450	14324345450	6	0	0	2	0	0	0	0	0	0
3	乐康	14324345455	14324345455	6	0	0	2	0	0	0	0	0	0
5	李四	18007527525		6	0	0	2	0	0	0	0	0	0
1	刘谦宸	14324345431	14324345431	6	0	0	7	0	0	0	U	0	0
1	刘永昌	13276547654		13	2	2	2	0	1	1	0	0	0
1	刘远至	18675678456		12	2	2	2	0	1	1	0	0	0
2	美倩	13888888888		6	0	0	0	0	0	0	0	0	0
3	棋瀚	14324345449	14324345449	6	0	0	2	0	0	0	0	0	0
5	清和	14324345445	14324345445	6	0	0	2	0	0	0	0	0	0
6	仁文	14324345451	14324345451	6	0	0	2	0	0	0	0	0	0
1	任智云	17865786578		11	2	2	2	0	0	1	1	0	0

表4-6 学生全部项目次数汇总表

| 所有记录 | 1组 | 2组 | 3组 | 4组 | 5组 | 6组 | 7组 | 8组 | 9组 | 10组 | 11组 | 12组 | | 选择时间段 2024-06-05　2024-06-05 搜索 |

所有记录　当天　昨天　近7天　本周　上周　近14天　近30天　本月　上月　本季度　上季度　近6个月　本年度　合项归档

幸福小镇全部记录次数汇总

序号	小组	姓名	早自习情况	课堂情况	大课间情况	午自习情况	日自习情况	跑操情况	寝室情况	晚自习情况	考勤记载	清洁卫生考评	其他奖惩	次数汇总
1	1组	肖鑫豪	3	2	1	1	1	1	1	1	1	1	1	14
2	1组	胡新月	3	2	1	1	1	1	1	1	1	1	1	14
3	1组	刘欣雨	3	2	1	1	1	1	1	1	1	1	1	14
4	1组	蔡天宇	3	2	1	1	1	1	1	1	1	1	1	14
5	1组	王陈俊	3	2	1	1	1	1	1	1	1	1	1	14
6	2组	刘宇航	3	2	1	1	1	1	1	1	1	1	1	14
7	2组	王擎菲	3	2	1	1	1	1	1	1	1	1	1	14
8	2组	谢骏飞	3	2	1	1	1	1	1	1	1	1	1	14
9	2组	常克帅	3	2	1	1	1	1	1	1	1	1	1	14
10	2组	黄俊林	3	2	1	1	1	1	1	1	1	1	1	14
11	3组	李晓智	2	2	1	1	1	1	1	1	1	1	1	13
12	3组	熊杨斌	2	2	1	1	1	1	1	1	1	1	1	13

表中包含信息说明：1. 按组别查阅组内学生考核分或次数；2. 自定义任意时间段查阅学生考核分或次数；3. 按当天、昨天、近7天、近14天、近30天、本周、上周、本月、上月、近6月、本季度、上季度查询学生考核分或次数，这些表可直接在线打印；4. 学生及小组信息；5. 班级当前正在使用的全部工具项目（这些项目总分会自动汇总成表形成班级全项目统计表）；6. 学生的原始分、折合（考核）分和次数列表栏；7. 在"学生全部项目原始分汇总表"中可导出原始分汇总表的电子表格，该表格导出后，教师可自行处理成其他各类表格。

表4-7 小组单项目（每周之星）原始分及考核（折合）分汇总表

| 所有记录 | | 选择时间段 2024-06-05　2024-06-05 搜索 |

所有记录　当天　昨天　近7天　本周　上周　近30天　本月　上月　本季度　上季度　近6个月　本年度　合项归档

幸福小镇每周之星全部记录考核分汇总

小组	纪律之星	学习之星	进步之星	管理之星	才艺之星	运动之星	孝顺之星	助人之星	劳动之星	卫生之星	原始/平均分	考核/平均分	排名
2组5人	5	5	5	10	5	5	5	5	5	10	60/12	60/12	1
1组5人	5	5	10	5	5	5	5	5	10	5	60/12	60/12	2
5组5人	5	5	5	5	5	10	5	5	5	5	55/11	55/11	3
6组5人	5	5	5	5	5	5	10	5	5	5	55/11	55/11	4
3组5人	5	5	5	5	5	10	5	5	5	5	55/11	55/11	5
4组5人	5	5	5	5	10	5	5	5	5	5	55/11	55/11	6
7组3人	3	3	3	3	3	3	6	3	3	3	33/11	33/11	7

表4-8 小组单项目（每周之星）次数汇总表

所有记录								选择时间段	2024-06-05		2024-06-05		搜索
所有记录	当天	昨天	近7天	本周	上周	近30天	本月	上月	本季度	上季度	近6个月	本年度	在线打印

幸福小镇每周之星全部记录次数汇总

序号	ID	小组	纪律之星	学习之星	进步之星	管理之星	才艺之星	运动之星	孝顺之星	助人之星	劳动之星	卫生之星	次数汇总
1	2	2组	5	5	5	10	5	5	5	5	5	10	60
2	1	1组	5	5	10	5	5	5	5	5	10	5	60
3	5	5组	5	5	5	5	5	10	5	5	5	5	55
4	6	6组	5	5	5	5	5	5	10	5	5	5	55
5	3	3组	5	5	5	5	10	5	5	5	5	5	55
6	4	4组	5	5	5	10	5	5	5	5	5	5	55
7	7	7组	3	3	3	3	3	3	3	6	3	3	33

表4-9 小组全部项目考核或平均分汇总表

1组	2组	3组	4组	5组	6组	7组	8组	9组	10组	11组	12组		选择时间段	2024-06-05		2024-06-05		搜索
所有记录	当天	昨天	近7天	本周	上周	近30天	本月	上月	本季度	上季度	近6个月	本年度	在线打印					

幸福小镇全部记录考核分汇总

序号	小组	早自习情况	课堂情况	大课间情况	午自习情况	日自习情况	跑操情况	寝室情况	晚自习情况	考勤记载	清洁卫生考评	其他奖惩	考核分/平均分
1	1组5人	5.00	15.00	5.00	5.00	5.00	5.00	5.00	5.00	0.00	5.00	5.00	60 / 12
2	2组5人	5.00	15.00	5.00	5.00	5.00	5.00	5.00	5.00	0.00	5.00	5.00	60 / 12
3	3组5人	0.00	15.00	5.00	5.00	5.00	5.00	5.00	5.00	0.00	5.00	5.00	55 / 11
4	4组5人	5.00	15.00	5.00	5.00	5.00	5.00	5.00	5.00	0.00	5.00	5.00	60 / 12
5	5组5人	0.00	15.00	5.00	5.00	5.00	5.00	5.00	5.00	0.00	5.00	5.00	55 / 11
6	6组5人	0.00	15.00	5.00	5.00	5.00	5.00	5.00	5.00	0.00	5.00	5.00	55 / 11
7	7组3人	0.00	9.00	3.00	3.00	3.00	3.00	3.00	3.00	0.00	3.00	3.00	33 / 11
序号	汇总	15.00	99.00	33.00	33.00	33.00	33.00	33.00	33.00	0.00	33.00	33.00	378 / 11.5

表4-10 小组全部项目次数汇总表

次数汇总	原始分汇总	考核分汇总	小组排开情况					选择时间段	2024-06-05		2024-06-05		搜索
所有记录	当天	昨天	近7天	本周	上周	近30天	本月	上月	本季度	上季度	近6个月	本年度	在线打印

幸福小镇全部记录次数汇总

序号	小组	早自习情况	课堂情况	大课间情况	午自习情况	日自习情况	跑操情况	寝室情况	晚自习情况	考勤记载	清洁卫生考评	其他奖惩	总次数
1	1组5人	15	10	5	5	5	5	5	5	5	5	5	70
2	2组5人	15	10	5	5	5	5	5	5	5	5	5	70
3	3组5人	10	10	5	5	5	5	5	5	5	5	5	65
4	4组5人	15	10	5	5	5	5	5	5	5	5	5	70
5	5组5人	10	10	5	5	5	5	5	5	5	5	5	65
6	6组5人	10	10	5	5	5	5	5	5	5	5	5	65
7	7组3人	6	6	3	3	3	3	3	3	3	3	3	39
序号	次数汇总	81	66	33	33	33	33	33	33	33	33	33	444

表中包含信息说明：1. 自定义任意时间段查阅小组考核分、平均分或次数；2. 按当天、昨天、近7天、近14天、近30天、本周、上周、本月、上月、近6月、本季度、上季度查询小组考核分、平均分或次数，这些表可在线打印；3. 小组及人数信息；4. 班级当前正在使用的全部工具项目（这些项目总分会自动汇总成表构成班级全项目统计表）；5. 表中包含学生的原始分、考核分、平均分及总次数。

系统会自动生成各类班级考核表，老师可直接使用。班级考核表常用的使用方法有四种：

一是利用班级日考核表，每日提醒。如为了培养课前读书习惯，每节课上课前将班级小组日考核表展示给学生查看，让学生充分了解本组当前的得分及排名情况，也可应用于师徒（教师与学生）结对帮扶活动中。

二是利用班级周或月考核表，按每周或月考评学生、分析问题、总结过去并指导将来。教师或班干部在每周一或每月第一天依据班级周或月考核表对班级近期问题进行分析、总结，并安排未来一周或一月工作重点。

三是利用班级学期及全学年考核表，实现高层荣誉公正评定。系统提供了可按小组或学生按照任意时间段查询表功能，利用该功能可以查询本学期或本学年的小组或学生考核表，在需要评选学校及以上更高层次荣誉时，特别是入团时，可以依据此表确定候选人，再从这些候选人中进一步筛选。

四是利用全时段考核表，举办大型的班级感动人物家长会。从建班开始的所有数据会形成一组全时段考核表，在毕业之际利用这些表可直接查阅出各方面表现优秀的学生，再从这些学生中选出班级十大感动人物候选人，再由学生及老师确定班级十大感动人物，班级为他们举行大型表彰会，对感动人物进行表彰和奖励。

依据量化考核制度，系统自动生成日量化考核表、周量化考核表、月量化考核表、学期量化考核表、学年量化考核表及全时段量化考核表。这一系列的表让班级管理变得有根有据，不再随意。在调动学生积极性，培养责任意识、竞争意识和自我管理能力等方面起到了积极作用，主要体现在以下四个方面：

一是数据采集与发布，让全班学生动起来。量化制度的制定，考核项目的确定、评价、记载与发布，利用考核表进行分析、总结及对未来工作指导等系列工作，班内学生都会参与。班级考核表促使学生事事有人做、人人有事做、事事有人评。

二是强化评价环节，提升班干部大格局。在班级评价过程中，量化评分标准实施初期，班干部的态度一般非常端正。一段时间后，班干部熟悉量化评分标准后，可能会形成利益小团体。而量化考核表中任何一条记录都能够清楚地查询到由谁在什么时间、因什么事由而判得分，对于班干部而言，对同学的评价必须做到公平、公正、公开，认真做好评价环节的工作。同时让班长对班干部的履职情况、自身纪律等情况进行评价，班主任和科任教师对班长的履职情况、自身纪律等情况进行评价。这些评价模式促使班干部从狭隘的小集体利益中走出来，放眼于整个班级的共同进步。

三是通过量化考核表，从细处感化和塑造学生。班级管理通常是由一个个细节组成的，细节管理贯穿班级管理的全过程。各类量化评分制度也制定得非常细致，这样在潜移默化的过程中对学生产生深远影响。教室、寝室的卫生考核制度制定后，为了更有效地实施，教师常常亲自到教室、寝室督促、检查，特别是开始阶段，陪着学生一起做卫生，依据评分细则，提出要求，给予指导，学生便会被教师慢慢感化，从而改掉不良习惯。

四是运用量化考核表，促进班级整体发展。班级有些学生不仅能够管理自己，还愿意为班级贡献自己的力量；有些学生觉得自己做到不违纪就行了；也有些学生大错不犯小错不断，班主任拿他没办法。使用班级量化考核表，让学生明白只有通过每一个人的努力才能使小组考核变得优秀，小组的集体荣誉也有自己的一份功劳，代表对自己的努力与肯定，自己的进步就是在为小组增光添彩。同时，让学生感觉到自己的过失会给小组、班级抹黑，从而使学生与小组及班级做到荣辱与共，进而促进小组与班级良性发展。

二、班级动态擂台榜

动态擂台榜是一张类似于班级大屏海报的数据表，该数据表仅显示班级总积分前五名学生名字和正在被班级所选用工具中得分第一名学生的名字。随着数据不断提交至系统，班级总分前五名学生名字及被班级所选用工具中得分第一名学生的名字一直处在动态变化过程中。该过程与打擂台的过程非常相似，并且一直处于动态更新状态，因此取名为"动态擂台榜"。

班级动态擂台榜的样式如图4-8至图4-9所示。

图4-8　动态擂台榜一

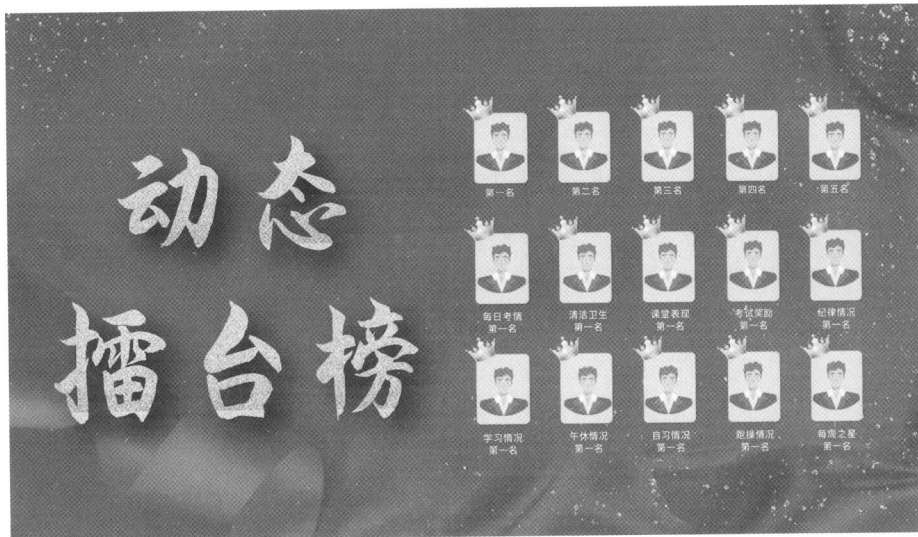

图4-9　动态擂台榜二

以上图中数据为演示数据，前五位为总分前五名学生的名字，第五位以后为各项目得分第一名学生的名字。各类项目依据教师所选工具不同而改变。

班级动态擂台榜的使用方法为：班委会（值日班长）每日面向全班学生使用班级电子白板（投影）展示班级动态擂台榜，让学生了解班内总分前五名及班级所选用工具中得分第一名的学生，同时面向全班学生通报总分前十五名学生与前五名的差距、班级所选用工具中得分前十名的学生与第一名的差距，并激励学生积极改变后一天的表现，争取超越当前上榜同学，力争自己上榜。

班级动态擂台榜界面很简洁，类似于班内张贴在墙上的光荣榜，只不过班内光荣榜上的学生名字更新是手动的、不能实时更新，而班级动态擂台榜上的学生名字更新是自动的、动态的、实时更新的。班级动态擂台对班级的发展有重大影响，主要体现在以下两点：

一是面向全体学生，树立榜样，引导学生做最好的自己。班级动态擂台榜主要信息包含全班总分前五、各单个项目第一名，一般涉及十多位学生。大数据综合分析出来的结果说服力强。这些学生是全班学生的榜样，尤其是一直占据榜首，一直上榜的学生，更是全班学生的骄傲。在班级动态擂台榜聚光灯下，学生们会默默地、自觉地向这些学生看齐，争做最好的自己。每一位未上榜的学生，都在期待用实际行动让下一刻美好的事情发生在自己身上。

二是面对上榜学生，激励与危机并存，双引擎动力促进学生发展。已上榜的学生希望自己能够持续上榜，哪怕只是某个单一项目。他们担心自己会被超越，所以会更加努力。班级动态擂台榜提供了肯定学生表现、显性化学生优秀行为的平台，动态实时变化也使得竞争变得更加激烈，在这种双引擎动力作用下，学生变得更自主、更自律。

三、班级段位等级表

班级段位等级表是动态呈现学生段位、等级等信息的表。它源自角色扮演类网络游戏中人物升级思想而设计，基于学生所得班级积分自动生成的。等级及分数区间、段位名称、奖章及奖励（特权）一般依据班级管理的实际需要由班级自行设定。段位名称及奖章可自主创造性设计，也可直接引用其他体系的设计，例如，科举等级制度（童生、秀才、举人、贡生、进士、探花、榜眼、状元)、军衔制度等。

班级段位等级表的样式如表 4-11 至表 4-14 所示。

表4-11 科举式段位等级晋级标准(应用于学生评价)

表4-12 科举式段位等级表(应用于学生评价)

表4-13 军团式小组段位等级晋级标准（应用于小组评价）

表4-14 军团式小组段位等级表（应用于小组评价）

　　班级段位等级表的使用方法为：班委会安排固定人员每周或不定期面向全班学生使用班级电子白板（投影）展示学生（小组）段位等级表，并口头通报每位同学或各小组的段位、等级及所获奖章与奖励情况，提醒全班同学或各小组及时到班委会领取奖励或兑换特权。

班级段位等级表中呈现出每位学生及各小组等级、段位名称、奖章及奖励（特权）等信息，不仅仅是激励，更是一种身份的象征，对学生成长趣味性阶段性肯定有非常积极的意义，主要体现在以下两个方面：

一是等级与段位是对学生人性化的评价，尊重了学生个体差异。等级与段位这种评价方式是面向全体学生的，采用分数区间性等级评价。每位学生的成长与发展有早有晚，学生只要达到该区间的基本要求便能进入该等级和段位，它相当于给每位学生确立了明确的目标，充分尊重了学生个体差异，指引着每位学生每天进步一点点，每天学会做最好的自己，便能获得相应的等级与段位。

二是奖章与特权是对学生充分的肯定，让学生有满满的成就感。学生达到相应的等级和段位后，教师为这样的一群学生召开颁奖班会，颁发奖章，宣布他们所获得的特权，并在班内展播他们的电子奖章和特权。虽然每位学生都不是唯一的获得者，但他们为能获得这枚奖章而感到骄傲，为获得班内特权而感到荣幸。这种别样的肯定方式，比他们获得奖状更有成就感。

四、班级电子奖牌

班级电子奖牌是虚拟的，有别于班级奖章的实际物品，只能通过电脑、手机等设备查阅，也可以按照电子奖章的样式制作出实物，颁发给学生。班级电子奖牌有以下几种：一是依据总积分自动转化成相应的奖章，如1分对应一颗星星奖章，获得10分后系统将其自动转化成1个月亮奖章，获得100分后系统将其自动转化成1个太阳奖章。二是通过积分转换自动获得，例如学生所获班级积分达到某等级区段分数，便自动获得该奖章。三是由班级委员会依据一定的规则手动颁发给某学生。四是班委会依据班级管理的实际需要设定获得奖章条件，学生依照规则完成任务后，系统自动颁发某奖章给该学生。

班级电子奖牌的样式如图 4-10 所示。

图4-10　星星、月亮及太阳电子奖牌

类似于 QQ 的升级图标系统包含星星、月亮及太阳。一个星星表示 1 积分，一个月亮代表 10 积分，一个太阳代表 100 积分，10 个星星转换成 1 个月亮，10 个月亮转换成 1 个太阳。

图4-11　叶、花及果电子奖牌

远安县商业幼儿园叶、花、果的校园文化评价方式。一片叶子表示 1 积分，一朵花代表 5 积分，一个果代表 25 积分，5 片叶子转换成 1 朵花，5 朵花转换成 1 个果，如图 4-11 所示。

童生	秀才	举人	贡士

进士	榜眼	探花	状元

图4-12 科举系列电子奖牌

　　教师引入"科举"文化评价体系，针对等级段位表自行设置积分区间，学生达到相应的积分区间，自动获得"科举"系列对应积分段的电子奖牌，这些奖牌有一定的身份象征，对学生来说更有成就感，如图 4-12 所示。

图4-13 班级管理系列电子奖牌

图4-14 高考激励系列电子奖牌

对于班级管理、高考激励系列电子奖牌，这种类似的评价节点非常多，教师可以按照自己班级管理的内在需要，对奖牌命名，设计样式，然后通过系统颁发电子奖章给学生，充分满足教师带班的个性化需要，如图4-13至图4-14所示。

班级电子奖牌依据不同场景使用的方法不尽相同，常用方法有以下几种：

一是通过积分转化后，自动获得奖章。这种奖章类似于QQ的等级评价，以星星、月亮及太阳为奖章的话，一般1分对应1个星星，10个星星转化成1个月亮，10个月亮转化成1个太阳，该转化方式采用十进制方法，也可以采用5进制方法。

二是达到积分区段后，自动获得奖章。当学生所获班级积分累计达到一定分数区段时，该学生会自动获得该区段对应的段位勋章，常见于班级段位等级表。

三是完成班级任务后，自动获得奖章。班委会信息管理员记录学生表现情况时，系统自动颁发已经设定好的奖章给完成某项任务的学生。

四是获得班级奖励后，手动颁发奖章。班委会依据颁发奖章规则，按照学生表现情况，通过系统直接颁发奖章给学生，并通知家长与学生通过手机海报接收并查阅。

在班级管理过程中，融入"班级电子奖牌"式评价模式，针对学生各类表现实现显性化评价，体现了很强的优势，对促进班级管理良性发展有重要意义，主要体现在以下三个方面：

一是让班级自主管理更具人性化。在班级管理中，教师习惯于主导班级管理，班干部及学生需要听从教师指挥，严重缺乏自主性和积极性。久而久之，学生甚至对参与班级管理出现抵触情绪，导致很难达到既定的效果。但是，在融入"班级电子奖牌"式评价模式后，学生能直观地了解到班级的评价节点，更加积极主动投入班级建设中去。学生在教师的鼓励和奖章的激励下，获得更多的成就感，增加了自我约束能力，也让班级管理变得更加人性化。

二是培养学生良好的学习和行为习惯，促进学生各方面全面协调发展。利用"班级电子奖牌"评价过程中，涉及的内容非常多，如考勤、品德、考试成绩、课堂表现、学习及行为习惯养成等情况，学生充分了解各类班级电子奖牌的内涵后，为了获得各类电子奖章，他们便能够按照规则，努力并自觉要求自己养成良好的学习和行为习惯。在争取获得更多电子奖章的过程中，不断提升自我，完善自我，提升自身的综合素养，进而实现各方面全面协调发展。

三是引导学生自我客观评价及监督。在实施"班级电子奖牌"评价过程中，教师要积极引导学生对自己进行客观评价与监督，激励学生努力学习并强化自身行为习惯；同时，教师组织学生依据自己所得电子奖章情况，让学生自我反思和自我检讨，发现自身的不足；教师还可以发动其他学生监督与管理，促使学生之间相互学习、相互借鉴，从而实现生生共同成长，进而使"班级电子奖牌"评价方式发挥最大的作用。

五、班级积分商城（超市）

班级积分商城（超市），是指学生在班内按照一定的规则通过自身表现获得班级积分后，班级为学生设置的一种使用班级积分兑换奖品或班级特权的班内机构。设立该机构的目的，是促进班级积分流通，进一步挖掘班级积分在班级管理中的价值。为了更好地服务班集体，一般来讲，奖品及特权的设计由班级决定后上架，需成立专门的领导班子审查学生的申请是否符合规范，并为班内学生提供兑换奖品与班级特权的服务。

班级积分商城（超市）的样式如图 4-15 所示。

图4-15 班级积分商城（超市）

班级积分商城（超市）内奖品或特权大致分为8个类别，分别为：物品类、心愿类、体验类、表彰类、学业类、奖励类、特权类、娱乐类。教师依据班内现有资源及学生实际需要，从精神和物质层面挖掘班级积分价值，然后将其转变成积分商城内的物品或特权，尤其是心愿类特权让学生心愿显性化，对学生施以人文关怀及疏导心理起到非常积极的作用。

依据班级实际情况，班级积分商城（超市）的使用方法通常有两种情况：

一是发行了班级货币的班级，通过班级货币，在班级积分商城（超市）购买奖品或兑换特权的同时将班级货币回收至班级银行并扣除相应的积分。

二是未发行班级货币的班级，在班级积分商城（超市）购买奖品或兑换特权的同时只扣除相应的积分即可。

在班级量化管理过程中，每位学生积累的积分越来越多，学生对班级积分的兴趣越来越弱。因此，班级积分在班内流通使班级积分变得更有价值，建立班级积分商城（超市）机构非常有必要。班级积分商城（超市）在班级管理中发挥着举足轻重的作用。

一是赋予班级积分更多的价值，激发学生更持久的动力。班级积分商城

（超市）必定会设计大量的商品或特权供学生兑换，商品与特权就能赋予班级积分更多的价值，例如，兑换一些学习用品，兑换班主任在家长群中的一次表扬，兑换一次为同学朗诵美文的机会，兑换请班内学霸辅导一周，兑换小组或个人照片设置班级电脑桌面一周，兑换优先在本组中选择座位两周。商品与特权赋予班级积分更丰富的价值，对学生的激励更持久。

二是设置班级积分商城（超市）机构，能打造一支训练有素的干部队伍。班干部之间职责界定不清时常有之，越权执法也时常有之。班级积分商城（超市）是带有一定利益属性的机构，对班干部履职情况采取发工资，设奖金制度。每两周对班干部集中考核一次，对表现突出的班干部给予一定数量的奖励，使各班干部为学生服务更有动力。

三是正确对待自身积分（财富），帮助学生树立正确的积分（财富）观。对于发放班级货币的班级，早期，在班内可能会出现"偷钱（班级货币）"、私下倒卖"班级货币"，还会制造"假币"，甚至有些学生可能一门心思争币，短时间出现暴发户等情况。教师需要抓住教育的契机，组织学生分析并讨论相关问题。学生是这些事情的亲历者，妥善处理，对学生未必是坏事，还能促进学生对财富有更深刻的认识，树立学生正确的积分（财富）观。

四是从延伸班级管理的角度，合理地实施人性化管理。在班级量化考核评分细则中，对于第一点中提到的很多特权是不可能体现出来的。设定一系列学生内心渴望的需求，甚至就是学生的心愿。这样的特权予以兑换，极大满足了学生的心理诉求，在一定程度上排除了学生心理安全隐患，有助于合理地实施人性化管理。

第四节 班级激励道具

班级激励道具通常有三种，分别为班级证书、班级奖章、班级货币。

一、班级证书

班级证书是授予获奖团队或个人的奖励证明书，用来表示对团队或者个人获得成绩的一种认可和表扬，它是老师们用于表彰和激励学生的一种最重要的道具。证书形式有多种，如奖状、喜报、聘任书、荣誉证书等，老师们还可以设计更具个性化的证书颁发给学生。

为了最大程度地发挥颁发班级证书的激励作用，班级证书通常采用实物与电子证书同步颁发模式。

一是利用特殊时间点（如期中、期末等）专门举办隆重的"颁奖大会"，向学生颁发班级证书。为了体现隆重，颁奖流程首先需在班会上讨论，确定好每一个环节，谁负责发证（班主任、科任教师、自己的对手），谁负责读颁奖词（孩子的家长、最要好的朋友等），谁上台领奖（本人领还是家长代表孩子领），谁负责致贺词（成绩最突出的学生的家长，进步最大的学生家长，劳动最积极的学生家长，最负责的班干部家长等），谁负责拍照，抓拍什么样的镜头，谁负责撰稿，怎么宣传，谁张贴照片，谁发布信息至平台等，最大程度调用学生对"颁奖大会"的向往及学生争取证书的积极性。

二是利用网络平台颁发班级证书。班委会小组安排人员（如好友、家长、喜欢的老师等）为获证学生撰写颁奖词，颁奖词由学生所在小组的成员修订、审定，最终由信息管理小组利用"幸福云教室"系统中相应的智慧工具，将证书颁发出去，以通知形式通知家长即时接收并查阅，引导家长利用学生获取证书的时机充分肯定孩子的在校表现，并设定定时打开的时间让各类证书在班内白板上持续、循环、滚动展示，充分发挥班级证书对班内学生思想的引导作用。

班级证书的样式，如图4-16所示。

图4-16 奖状、喜报、聘书、荣誉证书等常规证书样式

各类证书既可采用常规界面，也可以在证书内增加学生头像、班训、班级口号等特征性元素，强化证书的个性化特征，进而增强证书的激励效果。

班级证书的使用采取线下与线上两种环节。线下环节主要包括：评定获奖对象（个体及团队）→撰写颁奖词→设计并打印证书→颁发证书→致贺词；线上环节主要包括：系统内颁发电子证书→家长和学生即时接收获奖证书→定期在教室白板（投影）上展示学生个人和团队的证书。后期针对班级管理的需要，可将证书内容制作成班级学生证书册。

班级证书是教师最常使用的一种激励方式，班级证书的形式也可设计多样。通过班级证书这种正式文件，对学生进行肯定非常必要，其重要意义主要体现在以下五个方面：

一是让每一位学生都有获得证书的机会。纸质证书的颁发，常常受许多条件（如时间、场地等）的限制，但是电子证书不受时间与场地限制，相同内容的奖状可以同时发给多位学生，甚至可颁发给全班同学，大大提升了颁奖效率。学生和家长通过手机接收证书，一学期教师可发布上千张证书。班级证书全方位覆盖所有学生，让每位学生都有极大概率获得班级证书的机会。

二是给学生时间和机会，让他们去争取证书。纸质证书与电子证书配合使用，颁发证书与申请证书同时进行。学生可按照自身发展需要，向班级申请证书，最终通过班级考核表中的信息，确定是否颁发该证书给学生。每一位学生都有机会，通过努力获得证书。如果一次不能达到，可以再次努力，直至获得证书为止，激励效果相当明显。

三是与班级积分挂钩，拓展班级证书的价值。有老师说"证书发的太多，学生就觉得没有什么意思了"。其实不然，每次颁发班级证书时，家长能在第一时间收到并查看证书，同时奖励给学生一定量的班级积分。班级积分不仅仅影响班级考核表中的排名、班级等级段位表中的段位和等级、班级电子奖牌的获得，还可以在班级积分商城（超市）中兑换奖品和特权，极大地拓展并强化班级证书的价值。

四是家校合作，强化班级证书的激励作用。班主任联合家长，在班内设置一系列由家长评价，由班委会颁发的证书，例如，放学回家后，合理利用时间；在家正确使用手机；与父母亲和谐交流；在家积极参与劳动；在家按照良好的作息时间生活和学习；同学与朋友之间相互拜访；等等。这些证书由父母评价并申请，然后由班委会审核颁发。

五是举行隆重的颁奖仪式，延长班级证书的时效。班级电子证书的颁发克服了场地、时间等限制因素，电子证书颁发的数量剧增，班级证书评价方式从"获得证书的方式"向"阶段性获得多少张证书"转变。从颁发第一张证书，积累多张证书，直至举行隆重的颁奖班会，这个过程往往需要经历几个月甚至一学期的时间。通过这种操作方式，大大延长了班级证书的时效性，实现了对学生持续激励的强烈效果。

二、班级奖章

班级奖章主要用于授予比赛结果优秀、成绩优异及表现突出的学生的徽章，它依据班级管理或文化建设实际需要而设计。班级奖章与前面介绍的"班级电子奖牌"存在一定程度上的类似，但荣誉规格高于"班级电子奖牌"与

"班级证书"。

颁发班级奖章与颁发班级证书流程与方式基本一致，也是采用实物与电子奖章同步颁发模式，通常颁奖人需要帮助学生将班级奖章佩戴于其胸前。在班级重大聚会中，所获奖章的同学须佩戴班级奖章。

班级奖章的样式如图4-17所示。

图4-17 个性化实物奖章

实物奖章一般由教师或学生依据班级管理的需要自行设计，形式不拘一格，注重体现班级或学校文化内涵和激励效果。实物奖章须找厂家定做，成本远高于"班级证书"，激励效果明显好于"班级电子奖牌"与"班级证书"。

班级奖章的使用方法为：班级奖章依据班级实际情况设计，按所设计样式请公司定做而成。"班级奖章"实物发放规则与"班级电子奖牌"评价规则有较大区别，以全项目考核表为发放奖章的核心依据，是对学生更高层次的综合性评价，奖章发放无数量限制。颁发奖章形式与颁发证书形式基本保持一致。另外，奖章与证书在使用上略有不同，一般情况下，班委会要求获得"班级实物奖章"的学生在各类聚会时须佩戴班级奖章。

在班内有突出表现或对班级有特殊贡献的同学才有资格获得班级奖章。"班级奖章式"评价方式有别于"班级证书式"评价方式。一般来讲，奖章比证书更高端，荣誉层次更高。"班级奖章式"评价是对学生全方位综合性的评价，包含角度涉及学生身心发展、兴趣爱好、学习现状、品德修养、习惯养成等，遵循多层次性、多元化的原则，不拘泥于学习成绩、考试成绩，注重对学生养成性评价。利用"班级奖章式"评价全面落实养成性评价，对学生成长全过程展开有效监管，让学生从中获得更多的成功和进步，帮助学生更好地开展自主管理与自我养成，学会自我发展、自我调整、自我评价、自我成就，学生能够清晰感知自身成长历程，进而形成积极的情感价值观与文化价值观。

三、班级货币

班级货币是一种契约货币，是所有者与班级市场的交换媒介。由班级统一发行，由班级银行机构统一管理。班级货币版式依据班级文化建设需要设计，一般采用卡片或卡片币样式，表面印有一些图案，依托图案可进行班级文化建设；面值大小依据班级管理积分使用情况自行设定。它仅限本班级内部流通，用于本班级在班级商城（超市）内购买物品或兑换班内特权，具有教育性、强制性、激励性、可循环性、无差别性、开放性等特征。

班级货币的样式如图 4-18 所示。

图4-18 圆形班级货币一般样式

圆形班级货币一般以塑料硬币的形式发行，也可采用纸质硬币。塑料硬币更耐用，仿制成本高与难度系数大。货币面值依据班级管理的实际情况教师自行设定，原则上需要考虑通货膨胀问题。

方形班级货币以各国货币样式为参考依据，版面复杂程度远高于圆形班级货币，仿制难度也远高于圆形班级货币。可采用塑料和纸质材料制作，使用纸质材料制作居多。货币面值依据班级管理的实际情况教师自行设定，原则上也要考虑通货膨胀问题。

班级货币的使用方法为：依据班级需要，指定班级量化考核方案，按照班级量化考核方案发放班级货币。学生使用班级货币，在班级积分商城（超市）购买奖品或兑换特权的同时将班级货币回收至班级银行并扣除相应的积分。

为了营造社会氛围，模拟企业化的管理模式，我们可以利用虚拟货币进行班级管理，在班内发行班级货币。设立班级银行机构，建章立制规范货币管理，促进班级货币良性流通。班级货币在班级管理中的应用，对班级文化建设、激励学生进步、塑造学生性格等方面起到重要作用。主要体现在以下三个方面：

一是为货币取名，设计货币样式，融合班级文化。班级货币正如人民币一样应该拥有一个响亮的名字，可能是温馨的，如班名为幸福小镇，可以将班级币命名为幸福币。名字命名结合班级文化情况命名。班级货币的样式也需要用心设计，我们可以采用常规纸质货币大小，选择班内优秀学生代表将他们的照片融入班级货币中，也可以将班旗、班徽等文化元素融入班级币中，对强化班级文化建设有重要意义。

二是班级货币的发放，激励学生努力成长。班级货币发行之时就带有教育、肯定和激励的作用。按照评价制度，依据经济规则，对班干部可颁发工资，对班内表现好的学生予以奖励。在班内贡献越大，表现越优秀，所获的班级货币越多。班级货币会激励学生努力为班级付出，为同学们服务，同时激励学生要严于律己、好好表现。

三是班级货币的流通，守护学生心灵的窗口。班级货币依靠班级银行发行，通过班级积分商城（超市）实现流通。奖品的设定是固定的，但是特权的设定值得老师们深思。教师可以在班内广泛征集学生心愿，然后将这一系列的心愿设定为可兑换的班级特权，供学生使用班级货币兑换，甚至可为特殊学生设定私密特权。如学生上课睡觉了，被拍照了，他可以兑换索回照片的特权，利用该特权将这张照片索回。通过设计心愿特权，将学生需求显性化。兑换特权，在极大程度上满足了学生的心理需求。货币兑换特权成为守护学生心灵的窗口，提升了学生对班级的归属感。

第五节　班级纪念册

　　班级纪念册是以学生生活成长点滴为素材，按照一定逻辑将图片及文字整理、编排、排版后印刷出来的图册。班级纪念册一般可分为三类：第一类是以班级团体为对象，以全体师生成长顺序为线索，按照班级发展逻辑编排并印刷出来的图册；第二类是以班内小团队（如小组、寝室室友、全体女生、篮球队等）为对象，以小团队成长为线索，按照小团队成长逻辑编排并印刷的图册；第三类是以个人为对象，以个人成长为脉络，按照个人成长逻辑编排并印制的画册，也可以只是纯粹的个人荣誉册、个人文集等。

　　纪念册的样式如图 4-19 所示。

图4-19 各种班级纪念册

班级纪念册，它是记录班级成长最好的载体，是培养学生情感、态度及价值观的一种方式。它需要充分凸显情感价值、文化价值、纪念价值、创新价值、个性价值等。

班级纪念册分为电子版和纸质版两类，无论是电子版还是纸质版，依据班级纪念册的种类使用情况可分为四种：

一是按照班级文化元素（班级简介、班徽、班旗、班训、班歌、班级目标、班级愿景、班级口号、班级誓言、班主任寄语、我们的老师、班干部团队、学委会团队）、各学生风采、班级历次活动剪影、后记等构成班级纪念册。纪念册可以依据年份编写成多册，如分班纪念册、毕业纪念册等。

二是按照小团队的成长（如小组、某寝室室友、篮球队、班委会等）足迹，依据团队相关信息编撰成纪念册。如以小组为对象，内容可包含组名、组训、组规、导师寄语、导师风采、团队成员风采、团队历次活动剪影、后记等内容，构成小组纪念册，用于记录小组成长。这样的纪念册还有班委会风采纪念册、学生风采纪念册、篮球队风采纪念册等。

三是以全班荣誉（如奖状、荣誉证书、聘书、表扬信等）、学生优秀文章、学生风采、班级事件等信息为内容，制作的纪念册。如全体学生的奖状册、表扬信集、学生文集、每周之星纪念册、班级大事记等。

四是针对学生个人的纪念册，以学生个人信息为内容，以时间顺序与信息类别为线索，制作的学生个人风采纪念册。一般包含个人信息（出生年月日、爱好、个人理想、座右铭、个人介绍等）、个人荣誉、个人事迹、好友祝福及个人感悟等信息。

在学生的学习生涯中，会有许多美好的记忆。要想把这些美好的记忆留住，通过班级纪念册记录下来是最好的选择。班级纪念册主要用于记录学生成长的经历，深受老师青睐。纪念册不仅是对学生过去美好学习与生活的记录，也是对未来学习与生活的鼓励，班级纪念册的价值与意义主要体现在以下几个方面：

一是留住学生成长印迹，鼓励未来的自己。编写"班级纪念册"，通常由班主任和纪念册编委会同学把几年里积淀下来的班级文化元素资料、班团活动资料、班级文化建设成果及班级荣誉等汇编成册，化整为零，化无形为有形，将学生最美的成长印迹留存下来。学生毕业后，可以回味那段难忘的学生时光。班级纪念册也可以以班内小团队甚至学生个人为对象汇编。

二是记录班务实践过程，提升班主任工作的价值。班级管理是一项复杂的、系统的工作，是一项富有创造性、极具挑战性的工作。每位优秀的班主任都会捕捉教育契机，运用教育智慧，创新教育形式。由于班主任面对的对象各不相同，班级制度的制定与执行、班级文化的涵养与建设、班级学风的营建与矫正、班干部的选拔培养与发挥作用等也会不同，每位班主任在带班实践中各自经营着自己的班级，有着各自独特的体验和感悟，将其渗透在班级纪念册中，沉淀班级智慧。

三是展现班级管理品味，成就班主任的班级品牌。为每一届学生都编写班级纪念册，会促使班主任每次都有新发现、新思考和新感悟。班主任日积月累的经验，一定会让他对班级管理的各环节形成系统而完整的做法。这些做法就会不自觉地体现在班级纪念册的每一个细节中，如纪念册内容框架设计、材料的选择、内容的呈现和表现手法、封面的设计及图片的选择等，无一不在展示一位优秀班主任的智慧与魅力，这便是班主任所形成的个人名片，班级品牌。

第六节 "幸福云教室"下班级管理拓展路径

"幸福云教室"下班级管理的路径除了上述介绍的四种之外，根据班级管理的实际需要，我们还开发了班级实用小工具、班级小游戏和班级微专题三种拓展路径。

一、班级实用小工具

班级实用小工具是教师在教育教学过程中，为了达成班级某一活动的教育效果而开发的功能性小软件的统称。一般来讲，它具有轻量级、界面简洁、即开即用、辅助效果好等特征。常见工具有随机点名器、击鼓传花点名器、倒计时器（15 秒、10 分钟、30 分钟、60 小时、75 分钟、90 分钟、2 小时）等。

班级实用小工具的样式如图 4-20 所示。

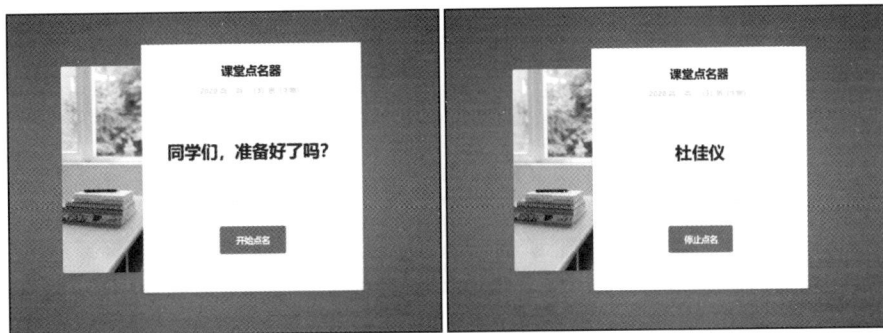

图4-20 班级课堂点名器

点名器可以在全班范围内随机抽取学生名字，也可以按小组在组内随机抽取学生名字，应用于学生点名。

图4-21 30秒倒计时器

各种倒计时器依据教学实际设计时长，并可循环反复地使用，方便准确，如图4-21所示。

班级实用小工具，一般功能非常简单。界面极其简洁，使用起来也很轻便，即开即用。如随机点名器，点开点名器便可直接使用。它不仅能排除教师的主观意愿，紧张而刺激的过程还能从一定程度上活跃课堂气氛，增强课堂的趣味性。15秒倒计时器用于学生课堂抢答限时，让学生比一比、赛一赛；30分钟倒计时器用于限时训练倒计时，让学生挑战限时答题；2小时倒计时器应用于日常考试倒计时；还有计算器、屏幕截图、画图工具、背景变更工具、连接其他设备的工具（如高拍仪、手机）等。

二、班级小游戏

班级小游戏是指在教育教学中，教师为实现一定的教学目的或解决某个教育教学问题，引入到班级内使用的小游戏总称。通常来讲，这些小游戏体积较小、安装容易、玩法简单、无依赖性、耐用性强。常见班级小游戏有音乐律动小游戏、幸运大转盘、抽红包、砸金蛋、单词大比拼、打地鼠、开盲盒等。

班级小游戏的样式如图 4-22 至图 4-25 所示。

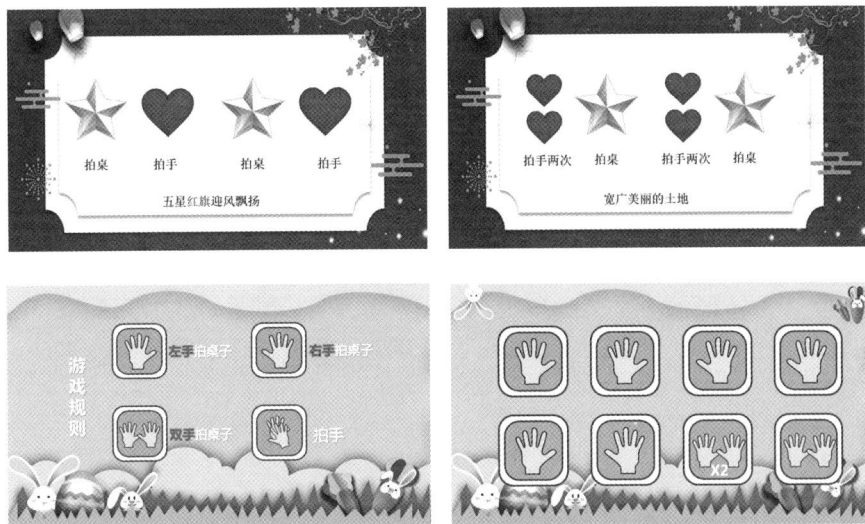

图4-22 音乐律动小游戏

图4-23 幸运大转盘

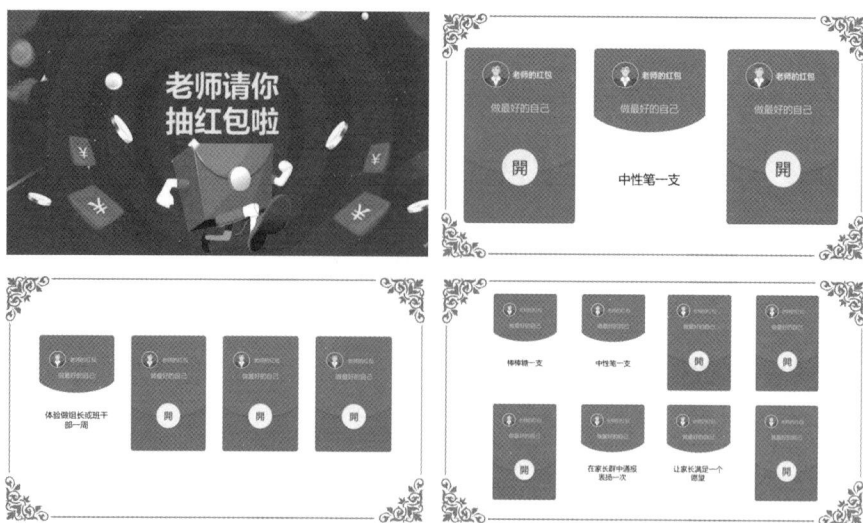

图4-24 抽红包

图4-25 砸金蛋

音乐律动小游戏主要依据歌曲节拍完成拍拍手、拍拍桌子、跺跺脚等肢体动作。课前、课中穿插这些小游戏让学习环境变得更加愉悦活泼。

幸运大转盘、抽红包、砸金蛋这些小游戏原本是商家们营销的形式，将其引入班级管理中，形式上基本未发生变化，但是奖品全部替换成了适合学生的用品及班级特权。

班级小游戏与班级实用小工具的使用有些相似。引入班级小游戏，一般是为了调节课前、课中及课后气氛，激励学生积极参与。短暂的互动与欢愉，为课堂增添了许多趣味和精彩，极大程度地活跃了课堂气氛，提升了课堂效率，促进学生更认真、更有热情地投入学习。例如，课前使用音乐律动小游戏，调节学生进入课堂的状态；课中对表现优秀的学生，让他们开盲盒、打地鼠等；课后对表现优秀的小组，让他们使用幸运大转盘抽奖；课前2人一组的单词大比拼游戏；等等。

三、班级微专题

班级微专题是指由若干有共同性的信息组成的集合体。这种共同性主要表现在信息的关联上，可以是集中展现某一时间某一事件的起因、进展、趋势和影响程度（如编钟微专题），也可以是某一主题信息的平行聚合（如每周之星信息集合）。一般每个微专题包含文字、图集、视频、音频等信息，在教育教学过程中起到积极的作用。

班级微专题的样式如图4-26所示。

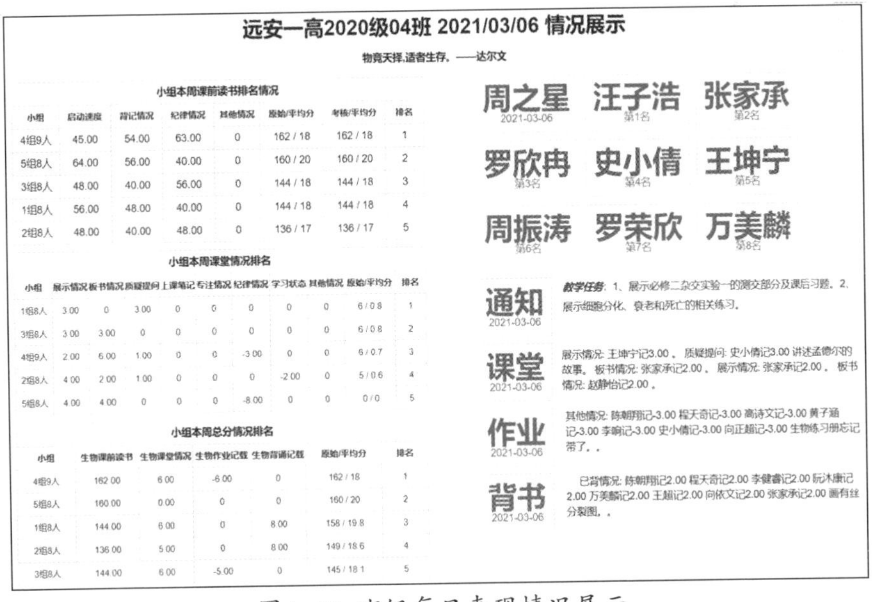

远安一高2020级04班 2021/03/06 情况展示

物竞天择，适者生存。——达尔文

小组本周课前读书排名情况

小组	启动速度	背记情况	纪律情况	其他情况	原始/平均分	考核/平均分	排名
4组8人	45.00	54.00	63.00	0	162/18	162/18	1
5组8人	64.00	56.00	40.00	0	160/20	160/20	2
3组8人	48.00	40.00	56.00	0	144/18	144/18	3
1组8人	56.00	48.00	40.00	0	144/18	144/18	4
2组8人	48.00	40.00	48.00	0	136/17	136/17	5

小组本周课堂情况排名

小组	展示情况	板书情况	质疑提问	上课笔记	专注情况	纪律情况	学习状态	其他情况	原始/平均分	排名
1组8人	3.00	0	3.00	0	0	0	0	0	6/0.8	1
3组8人	3.00	0	3.00	0	0	0	0	0	6/0.8	2
4组8人	2.00	6.00	0	-3.00	0	0	0	0	6/0.7	3
2组8人	4.00	2.00	0	0	0	0	-2.00	0	6/0.6	4
5组8人	4.00	4.00	0	0	0	0	-8.00	0		5

小组本周总分情况排名

小组	生物课前读书	生物课堂情况	生物作业记数	生物背诵记数	原始/平均分	排名
4组9人	162.00	6.00	-6.00	0	162/18	1
5组8人	160.00	0.00	0	0	160/20	2
1组8人	144.00	0.00	0	8.00	158/19.8	3
2组8人	136.00	5.00	0	8.00	149/18.6	4
3组8人	144.00	6.00	-5.00	0	145/18.1	5

周之星 2021-03-06
汪子浩 第1名　张家承 第2名
罗欣冉 第3名　史小倩 第4名　王坤宁 第5名
周振涛 第6名　罗荣欣 第7名　万美麟 第8名

通知 2021-03-06
教学任务：1.展示必修二杂交实验一的测交部分及课后习题。2.展示细胞分化、衰老和死亡的相关练习。

课堂 2021-03-06
展示情况：王坤宁3.00。质疑提问：史小倩3.00 讲述孟德尔的故事。板书情况：张家承2.00。展示情况：张家承2.00，板书情况：赵静怡2.00。

作业 2021-03-06
其他情况：陈朝阳记-3.00 程天奇记-3.00 高涛文记-3.00 黄子通记-3.00 李俐记-3.00 史小倩记-3.00 向正麟记-3.00 生物练习册忘记带了。

背书 2021-03-06
已背情况：陈朝阳记2.00 程天奇记2.00 李健睿记2.00 玩木康记2.00 万美麟记2.00 王超记2.00 向依文记2.00 张家承2.00 画有丝分裂图。

图4-26 班级每日表现情况展示

微专题采用各种形式资料（如图片、视频、习题、网页链接等）聚合的方式呈现，最大限度方便教师随时调取资料应用于教学。此专题界面还可以进一步拓展延伸细化，如演变成在线图文课程、在线 PPT 课程、在线视频课程、典型例题讲解、在线测试等，能形成不同于传统课件的一种兼直播教学与在线点播教学于一体、供学生自学与教师在线教学一体的网络课程。如图 4-27 至图 4-28 所示。

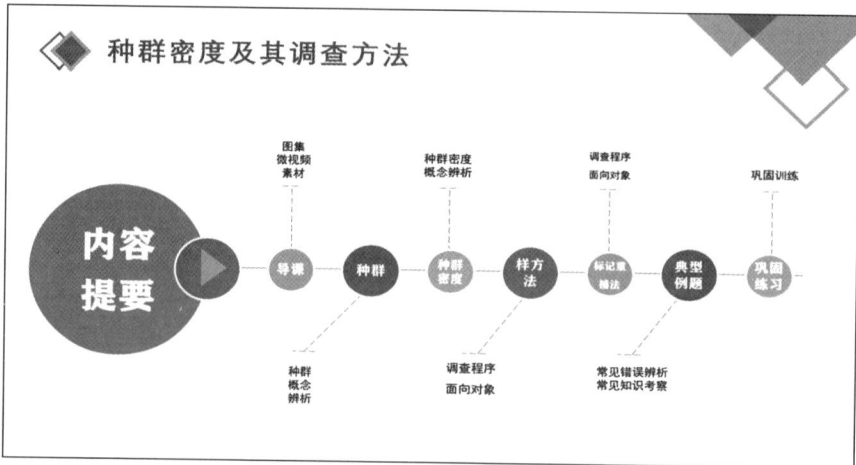

图4-27 教师教学与在线点播一体的网络课程微专题1

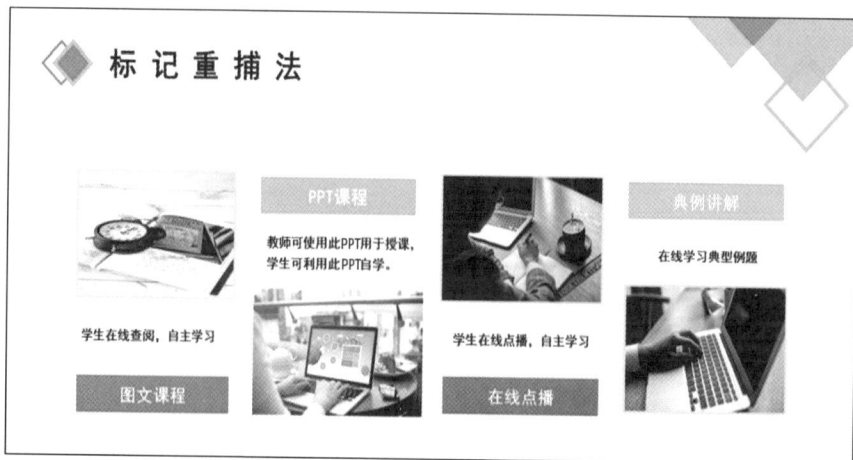

图4-28 教师教学与在线点播一体的网络课程微专题2

依据服务对象的不同，班级微专题可分为三类：

一是服务于班级管理，培养学生的学习与行为习惯。将班内与学生相关的各种表现信息，有序合理地聚合在某一页面或某些页面，定时定期面向学生展示。依据信息总结，老师适时指导学生的养成学习及行为习惯。如各学科每日课前学情展示牌、班务日志汇总页等。

二是实施德育教育，改变学生思想。将一系列资料聚合在一起，这些资料一般在班会课中使用，也可供学生自主学习。直接集成网络上现有的微专题资源，如红色家书、红色展览馆、历史上的今天、有温度的人物等。我们也可以按照班级发展需要设计微专题，如学科学习方法介绍、考前临门一脚、高考心理疏导、高考倒计时等。

三是服务于学科教学，聚合资料形成课程。为了帮助学生学习某学科某一知识内容，将一系列资料聚合在一起，这些资料一般在学科教学过程或者学生自主学习过程中使用。如整本书快速阅读专题、细胞结构专题、不等式专题等。

"幸福云教室"下班级管理路径的创新与发展，为班主任实施班级管理带来了全新的体验和挑战。班主任若能有效运用以上最常用的四种路径和三种拓展路径，将大大提升班级管理的实效，在班级管理中轻松实现减负增效的目的。

第五章

需求不同，智慧工具选择有差异

"每周之星"让班级群星闪耀

远安县第一高级中学　张勇

案例背景

评选"每周之星"，是许多班主任或任课教师管理班级常用的方法之一。"每周之星"坚持以人为本的教育理念，采用闪光教育，即充分挖掘每个孩子身上的闪光点，引导、激励每个孩子养成良好的行为及学习习惯，让每个孩子都有展示自己和获得认同的机会，从而树立正确的人生观、价值观和世界观，增强对班级的归属感和认同感。然而，传统评选"每周之星"的做法，已经无法适应信息化时代的新需求。例如，"每周之星"的海报张贴于教室后，学生容易产生视觉疲劳，查阅频次低；学生获得每周之星评价后，评定次数及奖励的班级积分没有得到充分运用；评选过程与结果缺少与家长互动，这些都导致激励效果不显著。为充分挖掘和发挥"每周之星"的真正价值，我们借助互联网＋德育，开发出了"每周之星"应用工具。

面向对象

全体学生、"每周之星"获得者的家长。

信息流动情况

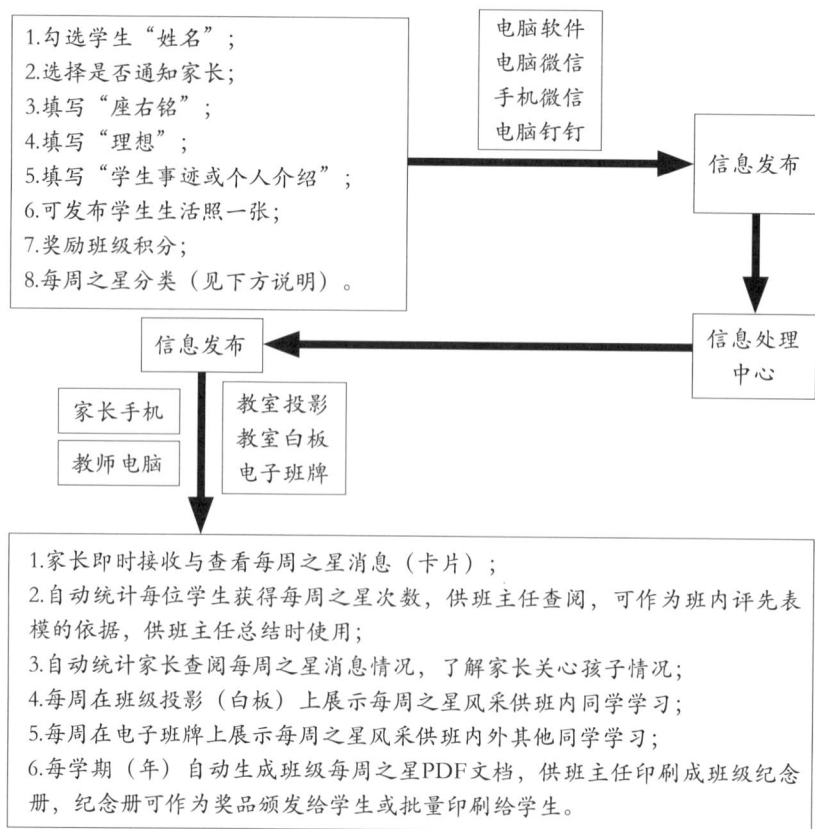

```
1.勾选学生"姓名";
2.选择是否通知家长;
3.填写"座右铭";                          电脑软件
4.填写"理想";                            电脑微信
5.填写"学生事迹或个人介绍";               手机微信      →    信息发布
6.可发布学生生活照一张;                    电脑钉钉
7.奖励班级积分;                                              ↓
8.每周之星分类（见下方说明）。

                                                         信息处理
        信息发布  ←──────────────────────────────       中心

家长手机    教室投影
           教室白板
教师电脑    电子班牌
              ↓

1.家长即时接收与查看每周之星消息（卡片）;
2.自动统计每位学生获得每周之星次数，供班主任查阅，可作为班内评先表
模的依据，供班主任总结时使用;
3.自动统计家长查阅每周之星消息情况，了解家长关心孩子情况;
4.每周在班级投影（白板）上展示每周之星风采供班内同学学习;
5.每周在电子班牌上展示每周之星风采供班内外其他同学学习;
6.每学期（年）自动生成班级每周之星PDF文档，供班主任印刷成班级纪念
册，纪念册可作为奖品颁发给学生或批量印刷给学生。
```

图 5-1 "每周之星"信息发布（publish）、处理（processing）及呈现（present）流程图

说明：每周之星目前类别有纪律之星、学习之星、进步之星、管理之星、才艺之星、运动之星、助人之星、诚信之星、孝顺之星、优秀团队、展示之星、质疑之星和其他。教师可依据班级管理实际需要增减评选类别。

呈现界面

1."每周之星"海报采用满屏、7 种纯色背景颜色交替出现、左右分栏显示；依靠教室白板或电子班牌以每 8 秒 1 屏（共计 24 屏，展示最新评出的 24 位同学），在班内循环滚动播报，如图 5-2 所示。

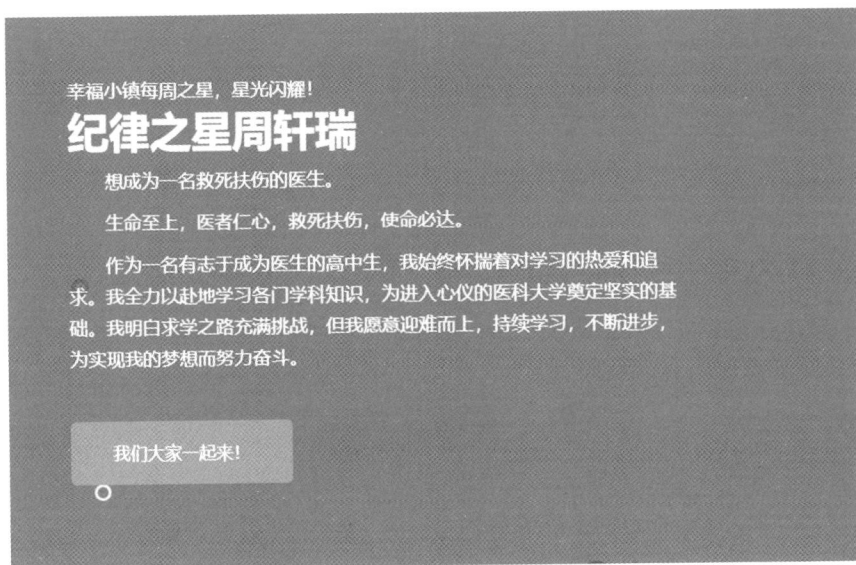

图5-2　"每周之星"大屏海报

2."每周之星"供家长查阅的手机端，包含卡片提示、列表页及内容详情页。家长可在发布消息的第一时间收到评定消息，并可按照列表页及内容详情页，系统、全面地了解孩子在校表现情况，如图5-3所示。

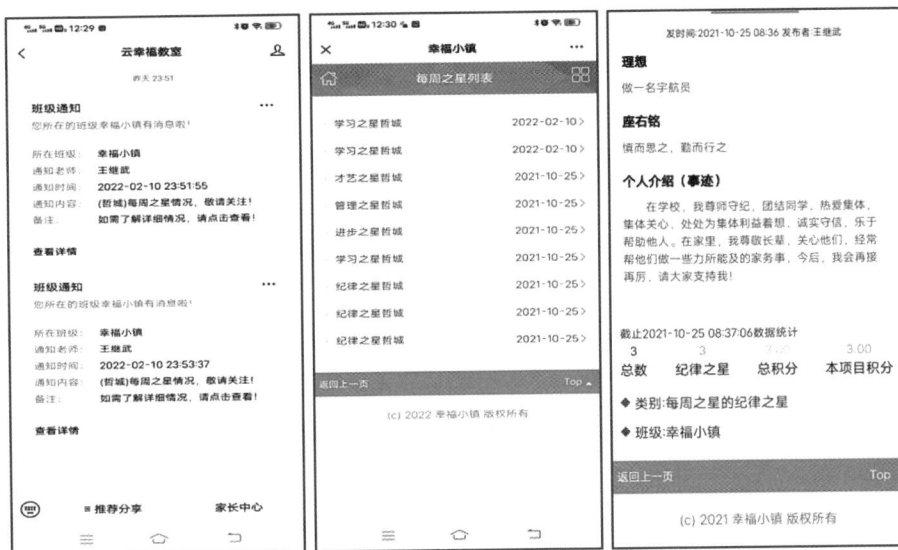

图5-3　家长手机端卡片式消息

案例实录

一、工具简介

"每周之星"应用工具基于"互联网＋"对"每周之星"评选工作的进一步优化、升级而设计，主要包含："每周之星"信息提交后，可按各个时段（如天、月、季及任意时间段等）、学生及组别自动、实时生成每周之星次数和分数统计表（该表可供截图、可供打印）；可自动生成班级海报，通过自动屏保方式及定时软件于教室电脑上高频率循环滚动播报；家长可即时接收"每周之星"评定信息。生成的各类数据表，可供班主任充分应用至班级管理、班级文化及家校共育中，从而有效地发挥德育价值，促进班级管理。

二、"传统做法"与"互联网＋做法"的比较（如表5-1所示）

表5-1 "每周之星"的"传统做法"与"互联网＋做法"的比较

序号	项目	传统做法	互联网＋做法
1	选评环节	有	有
2	即时获取信息	无	有
3	信息查询	不系统	随时系统查询
4	数据连续性	弱	强
5	家校共育	无	有
6	毕业纪念册	一般纸质版	永久保存，随时随地查阅
7	数据统计分析	无	自动生成
8	激励效果	较强	持久、很强

三、实施过程

"每周之星"实施过程大致分为："每周之星"活动班内宣传→"每周之星"活动评选制度的讨论和制定→每周评定"每周之星"→评定信息的撰写、修订及发布→家长第一时间接收和查阅"每周之星"评定信息→班内循环展示"每周之星"海报→"每周之星"学生及小组获得次数排行表、积分排行表的查阅与运用→"每周之星"评定信息的成书与印刷。具体情况如下：

1. 明确"每周之星"的意义，做好班内宣传。班委会成员组织小组推荐出"每周之星"形象代言人，同时做好"每周之星"评选价值与意义的宣讲工作。

2. 讨论和制定评选制度，建立科学的评价机制。"每周之星"评选制度及流程经班委会起草，小组讨论并修订，再由全班同学共同讨论后确定，从而建立科学的评价机制。

3. 每周评定"每周之星"，持续树立学习榜样。一般于每周五按照评定制度评选出"每周之星"，可评选 3～6 位学生，1 个先进集体。

4. 撰写、修订及发布评定信息，潜移默化影响班集体。评定信息中个人介绍或事迹的撰写，可以自己撰写，也可以由其他同学撰写。修订信息一般安排其他同学修订，在撰写、修订及发布评定信息过程中，学生的先进事迹在班内不断宣传，潜移默化地影响着班集体。

5. 家长即时接收、查阅信息，优化家校合作方式。家长在第一时间接收"每周之星"评定信息，按照"每周之星"评价列表页查阅孩子及班级历次获得的"每周之星"信息。同时，教师还能查阅家长查看信息的情况，充分了解家长对孩子的关注程度。

6. "每周之星"海报循环展示，全方位宣传班级榜样。通过电脑屏保或定时软件，定期在教室白板或电子班牌上不间断、循环、滚动展示"每周之星"海报，强化"每周之星"班内外宣传。

7. 次数、积分汇总表自动生成，提升班级管理效率。教师于每周五或周一展示"每周之星"评定次数、所获积分汇总表，同时对每月获得"每周之星"的情况进行点评和总结。亦可基于此表在每学期、每学年甚至毕业之际运用该表组织大型班会，如"班级感动人物"表彰会。

8. "每周之星"评定信息汇集成书，有效沉淀班级文化。系统中"每周之星"评定信息可生成 PDF 文档，并印刷成书（班级纪念册）。班级纪念册可用作班级特殊奖品奖励给每位同学。

四、工具点评

随着"每周之星"评选活动在班内持久开展，全班学生的亮点都逐渐闪现出来，学生得到全方位、高频次肯定后，学习积极性、主动性得到有效提升。班级学习氛围日益浓厚，对构建良好的班级文化起到了促进作用。主要表现在以下几个方面：

第一，完整的教育信息链条，促使学生发现身边的真善美。"每周之星"活动的宣传、评选制度的讨论和制定、每周评定"每周之星"、评定信息的撰写、修订及发布、海报班内循环展示等环节，家长都可以即时接收和查阅，学生可以参与许多环节。例如，获奖事迹或感言，学生可以自己撰写，也可以同学之间互相撰写。这些完整的教育信息链条，让学生在这个过程中不断得到熏陶和感染，促使学生在此过程中不断发现身边的好人好事，进而有效引导每位学生都想成为"班级之星"。

第二，学生争做更好的自己，提升学生归属感，增强班级凝聚力。例如，我班学生小童。学校开展了体育科技艺术节期间，小童作为班上的体育委员，对班里的体育活动尽职尽责。她有序组织同学们入场，制作各项体育比赛卡片，及时提醒同学们按时到场，积极带队加油鼓劲。由于小童对工作认真负责，所以评选上了"每周之星"。"每周之星"活动评选出来后，一段段赞美的文字、一张张服务的照片，通过"每周之星"海报在班内一次次循环播报，对她来说是惊喜；对其他同学来说是激励。激励更多的同学学习她这种默默无闻、无私奉献的服务精神，激励每位同学都力争成为班级的"每周之星"。

第三，数据表统计科学，持续激励学生成长。"每周之星"每次评定信息后，会自动按各个时段（如天、月、季及任意时间段等）、按照学生及组别自动、实时生成次数和分数统计表（该表可供截图、可供打印）。评价依托此系统数据统计，变得科学、连续、持久。依托分数或次数统计表，为每学期、每学年学生获取更高荣誉提供有力支持，不再感性盲目。亦可依托分数或次数统计表，在长周期时间段里做出科学的评价。例如，从入学实施"每周之星"评定，坚持到毕业，在毕业之际基于"每周之星"评定表结果，举办"感动班级人物"主题班会，这种持续激励的效果非常久远。

第四，优化家校合作方式，强化家校共育的效果。如今，学生很少跟家长交流在校表现及生活方面的问题，而家长渴望更多地了解孩子在校的表现。学生不愿意说，家长不敢多问，造成了父母与孩子之间交流的障碍。家长通过对公众号的关注和学生信息的绑定后，班级通过"每周之星"应用工具发布评定信息，家长点对点实时接收学生"每周之星"评定信息，便可通过"每周之星"评定信息列表，系统了解学生的在校情况。每一期的"每周之星"是孩子的点滴成长足迹，既能让家长在获得无限动力的同时，又能让家长找到更多与孩子交流的话题，进而强化家校共育的效果。

案例评析

"每周之星"的运用，立足培养德智体美劳全面发展的学生，全面客观地评价学生，激励学生积极向善、勤奋学习、实现自身价值。在"每周之星"活动的评价中，每个学生都能找到自身存在的价值，也能充分尊重学生的个性发展。在评价学生的维度上，不单纯以成绩、分数的高低来进行"每周之星"的表彰。"每周之星"班级海报将学生的闪光点放大，在班内树立榜样，在弘扬正能量方面起到了重要作用。"每周之星"科学的数据统计表，对学生持续的激励是常规基础做法所不能比拟的。创新形式的家校数据共享方式，以润物细无声的方式拉近了孩子与家长之间的距离。总之，教师运用"每周之星"应用工具后，它在班级文化建设、班级考核及家校共育方面均发挥了明显的激励作用，有效促进了班级管理。"每周之星"应用工具，也逐渐成为教师班级管理工作的得力助手。

专家点评

班主任的班级管理离不开德育教育。关注学生思想健康和心理成长，在现在这个多元社会显得越发重要。班主任的爱心、智慧和魅力在这个引导过程中愈加突出。运用"每周之星"应用工具，将智慧和爱浇灌，巧妙而创新地带给学生全新的评价，有效增强了班级凝聚力。班集体的凝聚力越大，学生越能自觉地遵守集体的规范，朝着班级的目标前进。而凝聚力的培养不能靠简单地说教，必须创设一个平台，运用一些技术手段增强班级凝聚力。"每周之星"突出了学生的自我认同、互评认同及家长认同，为同学、家校之间架起了桥梁，促使学生与学生由相容、相助到相亲、相爱，进而互相关怀，增进了友谊；促使家长与学生之间从彼此不理解到互相理解，为学生创造了和谐的成长环境。

"我想对你说"让沟通无极限

远安县第一高级中学 于云姣 张勇

案例背景

教师肩负着培养学生形成"三格"（品格、性格、人格）和树立正确"三观"（世界观、人生观、价值观）的重大使命，而高中生正是"三格"和"三观"定型的关键时期。高中生虽然心理日渐成熟，行为举止也日趋规范，但处于青春期的他们，很容易出现思想上和心理上的问题，这就需要教师及时与他们沟通和交流。面对面聊谈是师生沟通最常见的方法。但是这种方法用得多了，教育效果大大减弱。往往是教师谈过之后，学生没几天就忘了。为巩固面谈效果，"幸福云教室"中的智慧工具"我想对你说"在这方面发挥了重大作用。它借助网络信息交互平台和传统方式相结合，让屏幕说话，使师生多了一条沟通渠道。它不仅拓宽了师生交流的桥梁，还通过线下、线上两种交流方式相结合，让沟通无极限，为班级管理增强了力量，也使得师生、生生、亲子关系更为融洽。

面向对象

全班学生及其家长。

信息流动情况

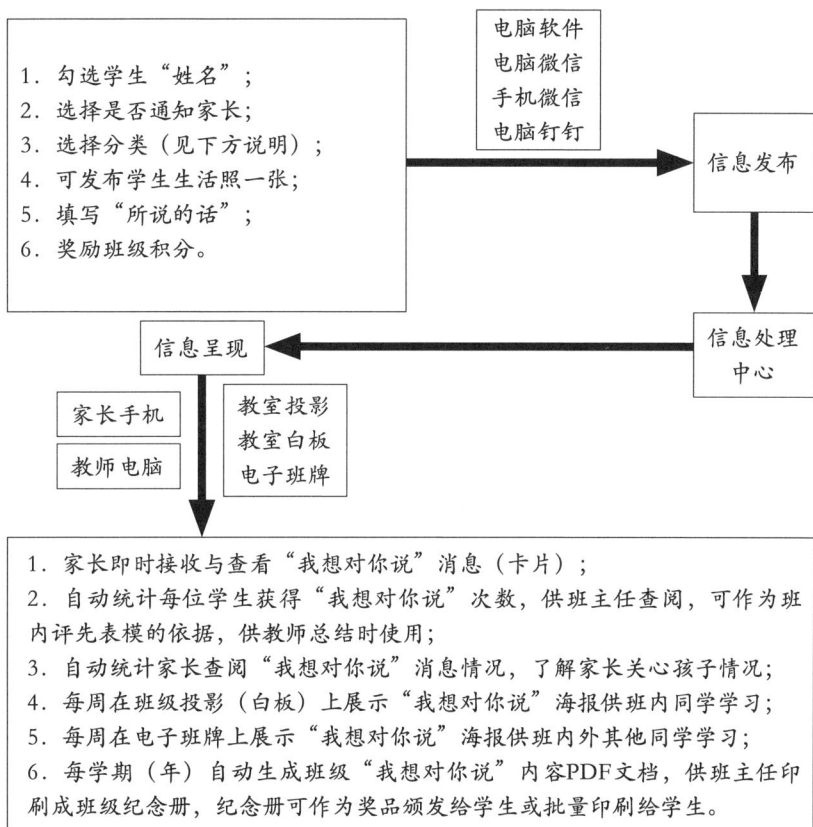

电脑软件
电脑微信
手机微信
电脑钉钉

信息发布

信息处理中心

1. 勾选学生"姓名"；
2. 选择是否通知家长；
3. 选择分类（见下方说明）；
4. 可发布学生生活照一张；
5. 填写"所说的话"；
6. 奖励班级积分。

信息呈现

家长手机

教师电脑

教室投影
教室白板
电子班牌

1. 家长即时接收与查看"我想对你说"消息（卡片）；
2. 自动统计每位学生获得"我想对你说"次数，供班主任查阅，可作为班内评先表模的依据，供教师总结时使用；
3. 自动统计家长查阅"我想对你说"消息情况，了解家长关心孩子情况；
4. 每周在班级投影（白板）上展示"我想对你说"海报供班内同学学习；
5. 每周在电子班牌上展示"我想对你说"海报供班内外其他同学学习；
6. 每学期（年）自动生成班级"我想对你说"内容PDF文档，供班主任印刷成班级纪念册，纪念册可作为奖品颁发给学生或批量印刷给学生。

图 5-4 "我想对你说"信息发布（publish）、处理（processing）及呈现（present）流程图

说明:"我想对你说"目前包含老师说、自己说、同学说、好友说、亲人说。教师还可依据班级管理的实际需要适时增减类别。

呈现界面

1. "我想对你说"海报采用满屏、7种纯色背景颜色交替出现、左右分栏显示；依靠教室白板或电子班牌以每8秒1屏，每屏4组（共计20屏，展示最新80条消息），在班内循环滚动播报。每屏界面如图5-5所示。

图5-5 "我想对你说"班内大屏海报

2. "我想对你说"供家长查阅的手机端，包含卡片提示、列表页及内容详情页。家长可以在发布消息的第一时间收到评定消息，并可按照列表页及内容详情页，系统、全面地了解孩子在校表现情况。

案例实录

一、工具简介

"我想对你说"智慧工具，通过发布老师、同学、好友、亲人对学生以及学生自我激励的简短话语，再通过电子班牌或白板在教室里滚动播报，以巩固和增强谈话交流的效果。学生自我励志的话语、他人对学生的一系列暖心鼓舞的话语、老师、亲人及好友对他们殷切希望性的话语等，以滚动的文字形式在教室里循环播放。当学生动力不足时，对学生可以起到激励作用；当学生自制力不够时，可以起到警醒作用。

二、"传统做法"与"互联网+做法"的比较（如表5-2所示）

表5-2　"我想对你说"的"传统做法"与"互联网+做法"的比较

序号	项目	传统做法	互联网+做法
1	聊谈	有	有
2	信息记载	有	有
3	信息查询	不系统	随时、随地查询
4	连续性	差	强
5	参与度	面窄	面广
6	纪念册	无	永久保存，随时随地查阅
7	激励效果	较强	持久、很强
8	家校合作	无	有

"我想对你说"活动在智慧工具的支撑下，既保留了经典元素，又加入创新元素，在传承中发展，在坚守中革新，使教育更有持久性和广泛性。

三、实施过程

"我想对你说"实施过程大致分为："我想对你说"活动班内宣传→"我想对你说"活动方案制订→组织学生、老师、家长撰写"各类说"→收集、修订"各类说"并及时发布信息→家长第一时间接收和查阅"我想对你说"信息→班内循环展示"我想对你说"海报→不定期安排学生大声读出"我想对你说"→"我想对你说"信息做成班级纪念册。

具体实施过程如下：

1. 明确开展"我想对你说"活动的意义，做好班内宣传。

2. 讨论和制订活动方案。定下"我想对你说"的流程，经班委会起草，小组讨论并修订，再由全班同学质疑后确定，从而建立科学的活动方案。

3. 组织学生撰写"自己说"，同学之间相互写"同学说"，学生邀请自己的好友给自己送上"好友说"，老师撰写"老师说"，班主任组织家长给自己的孩子一段"家长说"。

4. 收集、修订并发布信息，班委会定期收集"自己说""同学说"和"好友说"。班主任收集"老师说"和"亲人说"并结合每天教育对象的不同，及时发布该学生的相关信息，可以是"自己说""同学说""好友说"，也可以是"老师说""亲人说"。

5. 家长即时接收，查阅信息，优化家校合作方式。家长在第一时间接收自己孩子的"我想对你说"的信息，让家长能最快了解孩子在校情况。同时，教师还能查阅家长查看信息的情况，充分了解家长对孩子的关注程度。

6. "我想对你说"海报循环展示，全方位展示自己、同学、好友、老师、亲人对学生的激励。通过电脑屏保或定时软件，定期在教室白板或电子班牌上不间断、循环、滚动展示"我想对你说"海报，强化德育效果。

7. 定期安排学生大声读出"我想对你说"，使德育活动多轮次进行，学生再次感悟来自亲朋好友及老师的殷殷期望，让教育效果走入人心！

8. "我想对你说"所有信息汇集成书，有效沉淀班级文化。让学生的高中生活留下有故事有爱的美好回忆。系统中"我想对你说"的信息可生成PDF 文档，并印刷成书（班级纪念册）。班级纪念册可用作班级特殊奖品奖励给每位同学。

四、工具点评

1. 操作过程简单便捷。教师每次和学生面谈之后，及时给该生一段激励的话语并发布。利用教室的电脑滚动显示，全班同学一个半月就能覆盖一次。利用"我想对你说"工具，还可以随时追加对该生的线上教育。录入之后设为屏保，整个学年都可使用，减轻了教师负担，节省了教师时间。

2. 弥补了传统面谈的单一性。德育教育是一项系统工程，需要教师持续不断地及时跟进。学生与教师聊谈的过程就是德育活动的过程，德育效果的呈现只通过一次德育活动很难实现。传统的教育方法是对学生多次聊谈，但作为高三学生，时间尤其宝贵，多次聊谈非常耗时，而且效果不佳。使用"我想对你说"应用工具，利用教室屏幕，快速高效地跟进学生的德育工作，也避免了面谈的单一性。

3. 思想碰撞"聊"无痕。高三学生学习时间紧张，我更喜欢把"长谈话"改为"短谈话"。每次谈话过后，我常给学生写上一段话语，发布到"老师说"，里面有我对学生满满的爱、期望、提醒、要求和鼓励。例如，我班有一男生早恋，我找他聊谈过几次之后，他也意识到了早恋的危害，并且口头承诺：要把心思放到学习上。事后，我给他写下了这样的"老师说"：什么年龄做什么事情，早开的花注定是苦涩的，愿你吃一堑长一智，不要在同一个地方再次摔跤，在接下来的日子里，认清自我，咬定"武大"不放松，该是你还账的时候了！后来我了解到：他在看了"老师说"之后，还偷偷抹了眼泪。学生在感动之余，每每看到屏幕上滚动的话语，不仅时刻警醒着他，还让他学习动力更足！经过不断实践，"幸福云教室"中的智慧工具"我想对你说"德育效果好，班级个性化的电脑屏保在空档时间不停滚动播放，只要学生进入教室，教育活动就通过屏幕不间断地传送，学生不刻意地去关注，但只要他（她）一抬头，信息就会传达出去，润物细无声的教育随时随地在发生。

4. 开辟了一条教育新途径。教育是一种影响，师生常相处、常交谈，就会对学生产生影响。学生就是在教师的亲切陪伴下逐渐长大的，而时常的线上线下"谈话"就是最好的陪伴和最长情的告白！极大地弥补了单一面谈的缺陷，让德育途径横向纵向立体化，发挥其巨大的感召力。

案例评析

高三学生学习时间紧张，学习压力大，学习动力持久性不足，本案例从班级学生阶段性实情出发，教师在平时常规工作的基础上，充分利用"幸福云教室"应用工具中的"我想对你说"板块，对学生持续跟进的教育，在强化德育效果的同时，也极大提高了工作效率，丰富了班级实施德育的途径。利用班级电脑屏保，"随风潜入夜，润物细无声"的德育效果最能打动人心，也最让人易于接受，不动声色地助力了班级管理。"我想对你说"，既可以纠正学生的不良行为，也可以警醒学生的麻痹大意，同时激发学生的学习内驱力，使教师的教育形式更加多样化，效果更好！

"我想对你说"操作流程清晰，操作过程方便，能让初学者很快地掌握并使用此工具。　案例具有实操性和可推广性。

专家点评

郭思乐教授在《教育走向生本》的前言中写到："我们是教育工作者，我们要改变的不是儿童的外部，不是装饰儿童，而是改变儿童自身。我们用语言来影响他，用环境来教育他，用活动来培养他，但是就是没有办法像裁缝、理发师、牙医那样地对儿童剪裁、修剪和打磨，我们要做的，全都要通过儿童自己去最后完成。"每个学生都是一个独一无二的个体，都有自己独特的个性，独特的精神世界和内心感受，有不同于成人及其他同龄人的观察、思考以及解决问题的方式和方法。教师如何通过有效的沟通来激励每一个学生自我改变，自我提升，在本案例中，教师创造性地运用了"我想对你说"这一智慧工具后，基本实现了这一教育目的。

"成长足迹"留住青春的精彩

宜都市第一中学　章世明

案例背景

　　五彩的青春，斑斓的年华，如春日绿杨，生机蓬勃；如寒梅傲雪，孤傲坚强。然而，韶华不为少年留。如何才能让处在青春期的高中生，拥有一段永恒的、美好的记忆，这就需要班主任的用心陪伴。然而，班主任的工作千头万绪，繁忙而琐碎，记录青春故事的笔记本往往半途而废，记录的工作轨迹缺乏整体性和连贯性，不能形成系统化的管理备忘录。记录的随意性，错过了学生许多精彩的瞬间。我们刻意拍下的一些照片最终仅仅是停留在手机相册；我们用心谈了许多学生，但谈过的话语随着时间而烟消云散；我们认真记录过无数精彩的故事，但这些故事却随着时间的流逝而变得淡然无味。总之，在高考的紧张压力下，学生本该绽放的靓丽青春显得有些黯淡无光。记忆中，除了无数的考试，就是海量的试题。如何突破这个瓶颈？如何通过一种特别的记录方式，为学生留住青春的风采，让青春的记忆永久停留？受互联网＋德育的启发，我们找到了这一智慧记录工具——"幸福云教室"系统下的"成长足迹"模块。它能及时、系统地留下所有关于青春的印记。该智慧工具可以通过互联网电脑端、手机端随时记录所有学生成长路上的点点滴滴。它不仅可以及时发送到家长手机端，还方便班主任及科任教师系统查阅记录下每一个值得回忆的青春故事。

面向对象

　　全体学生、全体学生家长。

信息流动情况

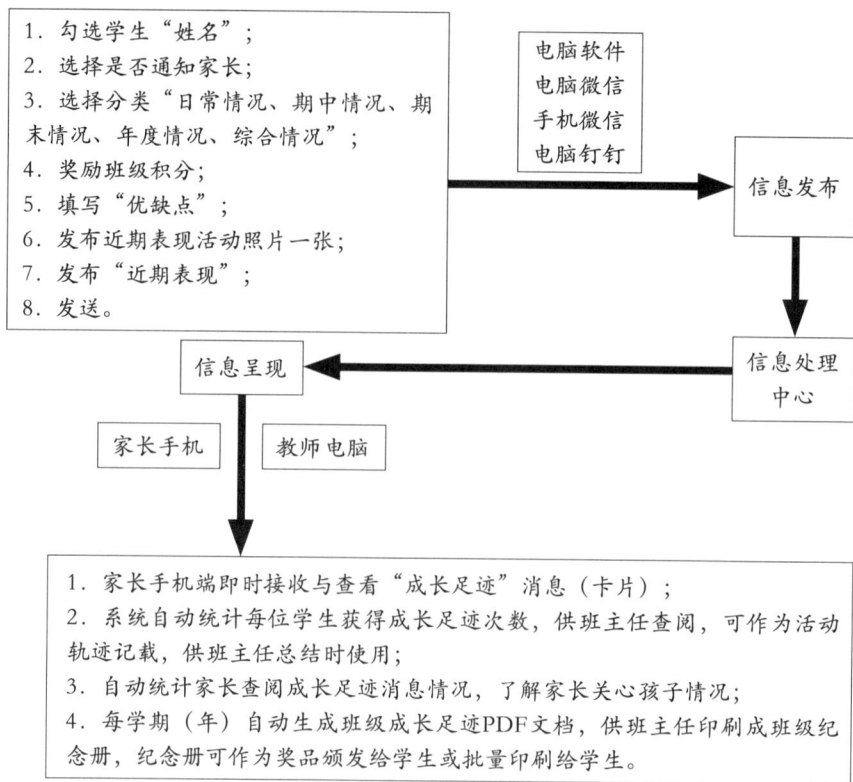

1. 勾选学生"姓名"；
2. 选择是否通知家长；
3. 选择分类"日常情况、期中情况、期末情况、年度情况、综合情况"；
4. 奖励班级积分；
5. 填写"优缺点"；
6. 发布近期表现活动照片一张；
7. 发布"近期表现"；
8. 发送。

电脑软件
电脑微信
手机微信
电脑钉钉

信息发布

信息处理中心

信息呈现

家长手机　　教师电脑

1. 家长手机端即时接收与查看"成长足迹"消息（卡片）；
2. 系统自动统计每位学生获得成长足迹次数，供班主任查阅，可作为活动轨迹记载，供班主任总结时使用；
3. 自动统计家长查阅成长足迹消息情况，了解家长关心孩子情况；
4. 每学期（年）自动生成班级成长足迹PDF文档，供班主任印刷成班级纪念册，纪念册可作为奖品颁发给学生或批量印刷给学生。

图 5-6 "成长足迹"信息发布（publish）、处理（processing）及呈现（present）流程图

说明：成长足迹的类别有日常情况、期中情况、期末情况、年度情况、综合情况。

呈现界面

"成长足迹"即时推送记录信息到家长手机端微信公众号，信息内容包含卡片提示、列表页及内容详情页。家长按照列表页及内容详情页，系统、全面地了解孩子在校表现情况。

案例实录

一、工具简介

"成长足迹"智慧工具基于"幸福云教室"系统，为学校与家庭及时沟通而设计。通常以一个学期为单位，记录学生成长轨迹。"成长足迹"信息可以通过电脑、手机多端口输入信息，为学生生活记事提供了便利。信息可单独提交后选择是否推送给家长，也可班级群发后选择是否推送给所有家长。记录的信息在互联网上自动分组分类，并及时生成每名学生成长积分统计。教师可以查看家长查阅情况，了解家长对孩子的学习、生活的关注度。"成长足迹"的内容为家长提供了与学生和老师沟通交流的话题来源，增强家校互动的内容和频率，有效实现了家校共育。系统生成的各类数据，可供班主任在班级管理中查阅，做到有迹可循。班主任利用互联网的记忆，巧妙地记住了孩子们成长路上的青春故事。

二、"传统做法"与"互联网+做法"的比较（如表5-3所示）

表5-3　"成长足迹"的"传统做法"与"互联网+做法"的比较

序号	项目	传统做法	互联网+做法
1	记录方式	笔记本记录	手机、电脑输入
2	记录地点	办公室	手机端随时随地
3	记录便利性	不方便	便捷
4	记录的载体	笔记本、手机相册	图文发布
5	存储的便利	丢三落四	长期存储
6	信息查询	不方便	方便、快捷
7	工作量	大	小
8	激励效果	弱	强
9	家校共育	无	有

"成长足迹"智慧工具不仅能及时便捷地记录学习生活点滴，也为老师、学生与家长之间搭起一座沟通的桥梁，让"成长足迹"通过互联网的信息流

动实现信息及时互通，让学习、生活有迹可循。

三、实施过程

"成长足迹"实施过程大致分为："成长足迹"活动宣传→"成长足迹"活动规划→"成长足迹"活动前期准备→"成长足迹"过程实施与记录→"成长足迹"过程的撰写→"成长足迹"内容的发布（根据具体内容选择是否推送家长）→家长接收和查阅"成长足迹"信息→系统内生成学生成长积分→"成长足迹"信息的成书与印刷。具体情况如下：

1. "成长足迹"活动宣传。以一个学期为记录单位，根据记录内容分类（日常情况、期中情况、期末情况、年度情况、综合情况）确定高中可能需要实施的活动项目（大致包括演讲、才艺展示、运动会、社会实践、研学旅行、上课日常、班级其他活动等）。针对本学期刚入高中处于适应期的学生，本学期学校组织相关活动较少，所以选定了"我的大学梦"演讲和"才艺展示"两个活动。

2. "成长足迹"活动规划。向学生介绍"成长足迹"智慧工具平台的使用过程，作用是通过活动发现每一名学生的闪光点，记录成长中精彩的瞬间。介绍两个活动内容的目的："我的大学梦"演讲的目的是锻炼学生的自信与自我表达能力，同时明确高中的理想；"才艺展示"的目的是让每一个学生的个性得到充分展示，让大家彼此迅速熟悉，融入班集体，团队合作，并利用自己的才艺为班级服务。通过宣传调动学生积极性，提高学生活动的参与度。

3. "成长足迹"活动准备。将班级分为7组，以小组为单位，利用周末放假回家的时间查询资料并准备演讲需要的稿件与课件。"才艺展示"的内容同样是利用周末放假时间搜集视频制作音视频素材和个人表演道具。

4. "成长足迹"过程实施与记录。每周日晚6：20—7：30的讲评时间，分小组轮流上台进行演讲活动。老师负责用相机拍下演讲过程，留下学生演讲过程的精彩视频。学生演讲结束后，老师对学生演讲过程进行点评，及时提出演讲过程中存在的问题并提出改进措施，以待下次演讲更加精彩。每周四的课外活动时间分组进行20分钟"才艺展示"，同时用相机拍下才艺展示过程的精彩视频。学生展示结束后，大家共同提出展示才艺需要改进之处，对于优秀的视频剪辑作品可以在合适的时间（如英语课前、午休结束后）循环播放。

5."成长足迹"过程的撰写。让参与活动的学生以通讯稿的形式简明扼要地对活动过程进行报道，并形成报道文本。

6. 家长接收和查阅"成长足迹"内容的发布。老师对学生撰写的文本审阅后，在电脑端或手机端"幸福云教室"系统中打开"成长足迹"智慧小工具，勾选并发送学生（可单独发送，也可全选），勾选活动分类，根据记录的具体内容选择是否推送家长。输入撰写活动文案以及过程图片，最后审阅后点击发送。

7."成长足迹"信息。家长手机端微信接收"成长足迹"推送信息卡片提示，点击打开卡片，查阅信息内容。

8. 系统内生成学生成长积分。教师每周或每月根据成长积分评选出"成长之星""成长达人"，并将结果再次通过"幸福云教室"系统"班级通知"发送给家长，将"成长之星"或"成长达人"发布到"班级相册"工具中，由系统自动生成相应班级海报，在教室电子屏循环播放展示"成长之星"或"成长达人"。

9."成长足迹"信息的成书与印刷。学期结束后，在系统中记录的"成长足迹"信息自动生成 PDF 文档，并印刷成书或班级纪念册。班级纪念册也可作为每位同学的毕业纪念册。

通过以上过程的实施，通过"成长足迹"工具平台，既及时了解学生在活动中的参与情况以及能力表现，也为家长与孩子的沟通无形中创造了话题，增强了家长与孩子之间的互动。教师通过查阅家长查看信息情况，充分了解家长对孩子的关注程度。

四、工具点评

"成长足迹"智慧工具能随时记录学生日常生活的点滴，发现学生的亮点，展示学生个性，为日复一日枯燥的学习生活添光加彩，也让学生周末放假更充实。提高了学生的自信，促进班级学生互动，增加班级活力，也增强了师生互动。为学生提供了更多展示与交流的平台，为教师提供了更广阔的德育渗透空间和契机，也增强了教师与家长的交流互动。主要表现在以下几个方面：

以主题活动为契机，激发学生潜能。开学初，班级就确定了"我的大学梦"演讲与"才艺展示"活动。"我的大学梦"活动的目的是让学生熟悉高中的规划与未来的职业生涯规划，激发梦想，同时锻炼学生的演讲能力与自信。一学期下来，先后有 15 位同学上台进行"我的大学梦"演讲。通过演讲活动，让学生初步了解演讲需要准备稿件、制作 PPT、应该如何演讲等一系列过程。尤其是登台演讲环节，需要面对众多观众，需要克服演讲时的紧张情绪。向某某同学的深刻演讲让我们看到一次主题活动带给她的变化。她来自偏远的农村初中，从来没有经历过上台演讲类活动，连上课回答问题都憋红了脸，说话声音也非常小。一个周日晚上，她自告奋勇上台演讲。她演讲的主题不是"我的大学梦"，主题居然是"自信"。整个演讲时间虽然只有 3 分钟左右，但看得出全程她很紧张，过程也不算特别流畅，声音比上课回答问题稍微大了一些，但是结束后全班同学却给了她最热烈的掌声。演讲结束后，她如释重负地微笑告诉我们，她成功挑战了自己。从此以后，她不再是一直躲在角落里有点自卑的那个女孩，而是能主动融入学生中，和大家一起谈论生活的点滴，畅谈理想和远方，大胆自信的女孩。她演讲的"自信"主题，我想就是她大学梦的开始吧。在"成长足迹"中，我给她留下了这样一段话——"只有自己相信自己，别人才不会轻视你"。在后来的演讲中，学生们不仅收获了未来奋斗的理想，也收获了演讲中的技巧，同时还收获了同学们的掌声鼓励。所有这些初上台的羞涩以及演讲中关于青春的豪言壮语和演讲后大家的祝福瞬间，都被相机固定，用文字记录下来，通过"幸福云教室"系统中的"成长足迹"工具流向家长手机端，永远地记录在互联网中。

以发掘亮点为动力，提高学生训练能力。自媒体时代，学生被各种信息包围，如电子书、聊天游戏等，让一部分同学深陷其中无法自拔。教师的空口说教已经难以奏效。堵不如疏，为了展示学生才能，"信息技术才艺展示"活动应运而生。活动布置后，学生利用周末时间积极参与制作，收到了不少 PPT、PDF、音视频剪辑等自媒体作品。周日讲评时间段分组展示介绍自己的作品。展示的作品中有 PPT 介绍重庆美食、有 PDF 介绍"苏绣"、有班级日常视频、英文歌曲音视频剪辑等。其中班上一个个子小巧的曹某某同学积极热情，因未能竞选上班干部为大家服务而一直心有不甘。作为教师的我看在眼里，急在心里。我正在为找不到适当的契机安慰他时，周末他交给了我一件作品：英文歌曲配蜘蛛侠的视频。看完他的作品，我发现他能按照大家的要求熟练剪辑，并能任意剪接画面，过渡流畅，画面清晰干净。我豁然开朗，立即抓住这个契机，及时要求他配音高中生最感兴趣的英文歌曲《What are words》，配合具有英雄气概的蜘蛛侠视频，在每次英语课前 5 分钟播放，他欣然应允。他的出色表现，使得他在学校的作品展示中获得了班上同学的一致认可，他的视频作品已经作为英语课前固定播放歌曲，课前所有同学都会跟着演唱，大大提高了学生学习英语的热情。这首歌曲成了他们高一入校学习生活中难以磨灭的音符记忆。后来，他又及时学习了设计软件，制作了具有班级特色的班旗，从此跑操时这面旗帜就成为操场上最亮丽的风景线。"幸福云教室"系统的"班级文化"里面记录下了他制作的班旗，同时"成长足迹"也记录下了英语课前集体唱歌的瞬间。当这些作品通过"成长足迹"工具流向家长手机端后，家长们表示了极大的关心和支持。从家长们反馈的结果看，学生放假回家后基本上很少无所事事，跟同学整天聊天减少了，手机游戏时间也明显减少了，部分学生已经卸载游戏。周末更多的是在构思和寻找素材，期待着通过"成长足迹"记录下他们最满意的作品。五彩的青春在互联网时代与时俱进，从此不再迷失方向。

以成长记录的轨迹，聚合班级凝聚力。"成长足迹"对主题活动的记录，激发了学生参与活动的热情，但因为讲评时间的关系不能让所有学生都来演讲，也不是每一名学生都有条件制作出完美的多媒体作品，所以班级学生记录的青春故事就不完整。但是运动会、班团活动等过程中也会留下青春的精彩。高一的运动会就不用教师去布置安排了，学生自己分组，分工明确，每组都有专门的摄影师，专职拍下精彩的瞬间，也有专门的文案撰写。此时的我，只需要拿到他们的精彩瞬间照片和文案直接在"成长足迹"中发布。班级的团队意识与合作意识在运动会上进一步加强。"成长足迹"犹如一根无形的绳，将班级 48 名同学拧成一股绳，构成了班级合力，各组成员都想展示最美好的一面，留下青春的靓影。运动会上无数的精彩互助瞬间就是真实的成长足迹，在他们记忆中留下了无法磨灭的印记。只是"成长足迹"不仅会让这些记忆永久清晰地留存，更留住了班级的凝聚力，这才是"成长足迹"真正留下的瞬间。

案例评析

传统的德育教育方式，需要班主任和任课教师持续不断地投入时间、精力和情感，才能逐渐让学生和家长入脑入心。然而，教师的时间和精力有限，所以很难有教育方式上的创新和突破。而"互联网＋德育"让记忆不因时间流逝而消退，信息流动记录的及时性与便利性，也让班主任有更多的精力和时间来深入地思考学生的德育教育。案例中班主任运用"成长足迹"智慧工具，以记录学生的成长足迹为初衷，以发掘学生的亮点为目的，为更多学生搭建了展示自我、放飞青春的平台。在记录和发布中激发学生的潜能与自信，激活家校共育的激情。

"成长足迹"智慧工具尽可能记录下所有高中学生成长的记忆。记忆里奋斗的经历是学生成长以后遇到困难时的动力来源；记忆里灿烂的笑容是学生成长后失落时的乐趣来源；记忆里第一次站上讲台的演讲是成长后走上更大舞台的勇气与自信源泉……"成长足迹"里的酸甜苦辣，都成为他们成长路上最珍贵的财富。

专家点评

教育是一项系统而复杂的工程。在这项工程中，有铺满鲜花的阳关大道，也有荆棘丛生的羊肠小路。作为管理者和实施者二者兼备的班主任，要想完成这项工程，就要如诗人汪国真说的那样——"既然选择了远方，便只顾风雨兼程"。"幸福云教室"系统中的"成长足迹"智慧工具，陪伴班主任顺利行走在风雨兼程的路上，在互联网的信息流中搭起联通学校与家庭、学校与社会教育的桥梁；"成长足迹"智慧工具也让学生拥有了发现自我、展示自我的平台，记录下活动中团结互助、荣辱与共的团队情怀。学生在"成长足迹"智慧工具的帮助下，圆满完成了高中阶段的全面发展与完美蜕变；教师在"成长足迹"智慧工具的推动下，拓宽了德育教育的思路，探索并实现了更多德育教育渗透的途径。

让祝福记出来，让情谊"长"出来

远安县鸣凤镇初级中学 向婉佳 远安县第一高级中学 张勇

案例背景

"生日祝福"是孩子们在过生日时的一句简单的祝愿，我们往往忽略了它在孩子心中的意义和价值，而在与孩子沟通和交谈中，我发现他们十分愿意在这个特别的日子里，收到或者送给他人生日祝福。而"班级生日祝福"很好地满足了学生的心理需要，它基于马斯洛需求层次理论中的归属与爱的需要，能提升同学们对班集体的归宿感和认同感，增强班级的凝聚力，激发同学们为建设班级而努力，这也恰好契合了"生本教育"中的以人为本的教育理念。在班级这个大家庭中，收到各种形式的生日祝福，让每个孩子在班内及家长面前都有展示，内心得到温暖和满足，让他们的童年因为有故事而感到充盈和幸福。

目前"班级生日祝福"仅停留在要好的同学之间相互的口头、卡片祝福，或是举办一次集体生日会，这已不能满足于集体的需要，例如，"班级学生的生日可能被忘记，生日祝福语随意，并且不能及时记录整理下来"等，这些都会导致接受祝福的学生感受不显著，另外家校共育环节几乎没有。我计划进行线上"班级生日祝福"活动，依托于线下"集体生日、节日庆典、毕业典礼"等仪式感活动，这样将同学们的生日祝福语记录下来，让同窗情谊，谊长情深。"班级生日祝福"这款智慧工具，解决了多方面信息收集和整理问题。为优化这种单向的传递祝福方式，并在此基础上适应信息化时代的新需要，让"生日祝福语"更好地发挥它的价值，开发了"班级生日祝福"应用工具。

面向对象

全体学生，接收生日祝福的学生家长。

信·息·流·动·情·况

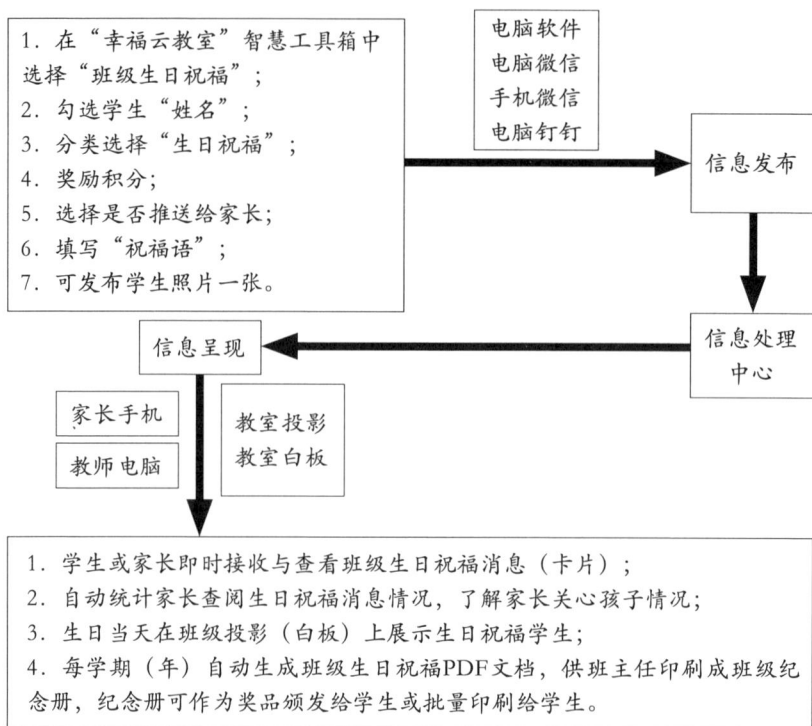

```
┌─────────────────────────────────┐        电脑软件
│ 1. 在"幸福云教室"智慧工具箱中   │        电脑微信
│    选择"班级生日祝福";         │        手机微信
│ 2. 勾选学生"姓名";            │        电脑钉钉            ┌──────────┐
│ 3. 分类选择"生日祝福";                     ──────────→  │ 信息发布 │
│ 4. 奖励积分;                                             └──────────┘
│ 5. 选择是否推送给家长;                                         │
│ 6. 填写"祝福语";                                               ↓
│ 7. 可发布学生照片一张。       │                          ┌──────────┐
└─────────────────────────────────┘                      │ 信息处理 │
         ┌──────────┐    ←──────────────────────────────  │   中心   │
         │ 信息呈现 │                                      └──────────┘
         └──────────┘
  ┌──────────┐  ┌──────────┐
  │ 家长手机 │  │ 教室投影 │
  ├──────────┤  │ 教室白板 │
  │ 教师电脑 │  └──────────┘
  └──────────┘
         ↓
┌─────────────────────────────────────────────────────────┐
│ 1. 学生或家长即时接收与查看班级生日祝福消息（卡片）;     │
│ 2. 自动统计家长查阅生日祝福消息情况，了解家长关心孩子情况; │
│ 3. 生日当天在班级投影（白板）上展示生日祝福学生;         │
│ 4. 每学期（年）自动生成班级生日祝福PDF文档，供班主任印刷成班级纪 │
│ 念册，纪念册可作为奖品颁发给学生或批量印刷给学生。       │
└─────────────────────────────────────────────────────────┘
```

图 5-7 "班级生日祝福"信息发布（publish）、处理（processing）及呈现（present）流程图

呈·现·界·面

1. "班级生日祝福"海报采用满屏、左右分栏显示；依靠教室白板，生日当天在班内定时播放，一般安排在上午第三节课的课间。

2. "班级生日祝福"供家长查阅的手机端，包含卡片提示、内容详情页。一般发布生日祝福的时间在晚上放学，家长晚上可以在发布消息的第一时间收到祝福。

案例实录

一、工具简介

"班级生日祝福"应用工具基于"互联网+"对"班级过生日、送祝福"的工作进一步优化、升级而设计，主要包含："学生生日祝福"信息提交后，可按各个时段（如天、月、季及任意时间段等）、按照学生生日统计表（该表可供截图、可供打印）；可自动生成班级海报，自动通过屏保方式及播放生日快乐歌定时在教室电脑上呈现；家长可即时接收"生日祝福"信息。基于以上各种途径，可以增强班级凝聚力，提升学生对班集体的归属感和认同感，增进家校共育，从而更有效地实现德育价值、促进班级管理。

二、"传统做法"与"互联网+做法"的比较（如表5-4所示）

表5-4　"生日祝福"的"传统做法"与"互联网+做法"的比较

序号	项目	传统做法	互联网+做法
1	即时获取信息	无	有
2	信息查询	不方便	方便，快捷
3	家校共育	无	有
4	毕业纪念册	纸质版	永久保存，随时查阅
5	工作量	大	小
6	激励效果	弱	强

"班级生日祝福"智慧工具不仅能及时便捷地记录学习生活点滴，也为老师、学生与家长之间搭起一座沟通的桥梁，让班级信息通过微信推送给家长，也能让学生学习生活有迹可循。

三、实施流程

在班内实施"班级生日祝福"活动时，由于本应用工具是对"班级过生日送祝福"活动进一步优化而设计，让这项活动更好地适应于集体。下学期的集体生日会总共分成了三场进行，本着人人过一次集体生日的原则，将班上同学分成了三组，确定了哪些同学一起过集体生日。本学期，第一次是3月份的"自制蛋糕饺子，体验动手乐趣"；第二次是5月份"我有才艺我来秀，开开心心庆六一"集体生日会；最后一次是7月份"毕业颁奖，分享感恩"集体生日会。

大致分为："班级生日祝福"活动班内宣传→"班级生日祝福"活动依托于"集体生日、节日庆典、毕业典礼"等富有仪式感的活动→活动中学生进行"班级生日祝福"信息发送→祝福信息的撰写、修订及发布→家长第一时间接收和查阅"班级生日祝福"信息→班内展示"班级生日祝福"海报→"班级生日祝福"信息的成书与印刷。具体情况如下：

1. 首先创建班级，然后添加学生信息，对学生进行分组、选择该应用工具、设定周定时显示该海报以及让家长绑定学生信息（此过程各应用工具操作一致）。

2. 按学生的生日将每个月过生日的同学进行整理，并要求学生提供心愿及生活照一张，其他同学准备生日祝福语。

3. 在每位同学生日的当天和集体生日的时候，班级一体机屏幕上自动滚动班级海报，送出生日祝福，它可来自班主任、任何科任老师、好朋友、父母亲人等，而这些祝福能以文字的形式记录，并通过幸福云教室"班级生日祝福"软件发布。

4. "班级生日祝福"可按各个时段（如天、月、季及任意时间段等）、可自动生成班级海报，自动通过屏保方式及定时软件发布于教室电脑上；家长可即时接收"祝福语"信息。学生获得满足感和存在感，更有利于班主任进行班级管理，班级大家庭给每位学生生日祝福与家校共育相联系，从而更有效地实现德育价值、促进班级管理。

5. "班级生日祝福"可汇集成书，有效沉淀班级文化。系统中"班级生日祝福"评定信息可生成PDF文档，并印刷成书（班级毕业纪念册）。班级纪念册可用作班级特殊奖品奖励给每位学生。

四、工具点评

随着"班级生日祝福"活动在班内持久、深度开展，学生感受到了强烈的归属感，每位学生生日当天，班级内的学生自发进行生日祝福，学生得到了心理的满足，更激发了学生为班级而努力的热情，对班级文化构成了深度影响。主要表现在以下几个方面：

第一，班级特殊学生感受到关爱，生日当天对同学和老师表达由衷地感谢。如小李同学，由于父母都在外地工作，他寄宿在托管班里，没有人给他庆祝生日，更得不到祝福，而班级生日祝福发布海报班内呈现，于他来说是惊喜，觉得自己得到了班级同学的关爱，得到了老师和同学的关注。本来性格上易怒的他，得到了班级同学的关爱，在平时的表现也有了很大进步！另外，家长即时接收和查阅，增进家校关系，进一步与特殊学生家长取得联系，增进感情。

第二，用相片记录同窗之情，增进同学之间的情谊。海报版面的要求是单人照片一张、祝福语（可同学之间互相撰写，也可老师和家长撰写）并用照片纪念，让学生在这个过程中不断地得到熏陶和感染，促使学生在此过程中感到关注和友爱，进而有效引导同学们对班级做出贡献。

第三，学生内心需要得到满足，激励他们成为更好的自己，提升学生归属感，增强班级凝聚力。另外，生日祝福也是记录孩子的点滴成长足迹，让家长在获得无限动力的同时，找到更多与孩子交流的话题，提升家校共育的效果。

案例评析

"班级生日祝福"的使用立足培养爱集体、有爱心、懂感恩的学生，考虑到全体学生，并让他们都感受到被关爱和关注，激励学生积极向善、勤奋学习、实现自身价值，增进同窗情谊，让每个学生都能找到自身存在的价值，获得个性发展。"班级生日祝福"海报让学生成为班级明星，利用家校数据共享方式，以润物细无声的方式拉近了孩子与家长之间心之距离。总之，运用"班级生日祝福"应用工具，在班级文化建设、班级毕业纪念及家校共育方面起到了明显的德育效果，成了班级同学们期待的应用软件之一。

专家点评

"班级生日祝福"应用工具是一个非常创新和贴心的举措，它不仅关注到每一个学生个体的成长和情感需求，还在班级文化建设、家校共育以及学生个体价值实现等方面起到了积极的推动作用。

其一，该工具充分体现了以学生为中心的教育理念，让每一个孩子在特殊的日子里都能感受到来自集体的关爱和温暖，这对于他们的成长过程中的情感建设有着不可估量的积极影响。同时，通过这种形式的生日祝福，也有助于增强班级的凝聚力和同学们之间的友情，营造一个和谐、友爱的班级氛围。

其二，该工具的运用也有效地推动了家校共育的实施。通过将家长纳入这个祝福的过程中，让他们能够及时了解和参与孩子的学校生活，这不仅增进了家长对学校教育的理解和支持，也让家长有更多的机会与孩子进行交流和互动，从而更好地促进孩子的全面发展。

总的来说，"班级生日祝福"应用工具是一个非常成功的教育创新实践，它以其独特的方式满足了学生的心理需求，增强了班级凝聚力，推动了家校共育，对于促进学生的全面发展和班级文化建设起到了积极的作用。希望这样的创新实践能够在更多的学校和班级中得到推广和应用，让更多的学生从中受益。

"智慧高考倒计时牌"——高考的稳压器

远安县第一高级中学　于云姣　张勇

案例背景

在高考倒计时 100 天前夕，为了让学生珍惜最后的 100 天，在短暂的时间里统筹学习，高效冲刺，斩获佳绩。全国各地的学校高三年级都会热火朝天地进行各种各样的"百日誓师"活动，随后所有高三班级教室里就会出现一道别样的风景：高考倒计时牌。目的是提醒同学们珍惜时间，抓紧学习，以增强学习驱动力，达到更好的成绩预期。"高考倒计时牌"有着积极作用，然而近几年来，也有人对一味强调"高考倒计时牌"的正面作用提出了质疑："高考倒计时牌"会让学生感到紧张，增加心理负担，甚至出现"高原性"心理而导致成绩下降。"高考倒计时牌"急需进行变形，至此，"高考倒计时牌"智慧应用工具诞生了，它保留了传统的激励作用，是高考备考过程中的"稳压器"。同时，它把静态的倒计时牌变成动态的效果，显得更生动，更温情，节省了师生精力，增强了激励效果。

面向对象

全班学生、全班教师。

信息流动情况

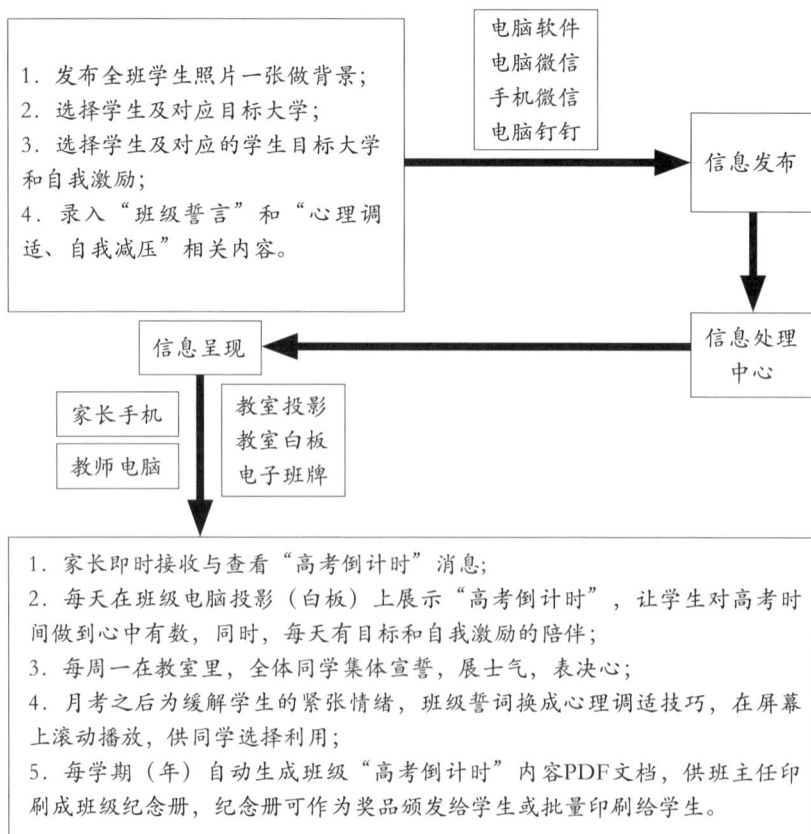

```
┌─────────────────────────────┐        电脑软件
│ 1. 发布全班学生照片一张做背景；│        电脑微信
│ 2. 选择学生及对应目标大学；    │        手机微信          ┌────────┐
│ 3. 选择学生及对应的学生目标大学 │  ───────────────────→  │ 信息发布 │
│   和自我激励；                │        电脑钉钉          └────────┘
│ 4. 录入"班级誓言"和"心理调    │                             │
│   适、自我减压"相关内容。      │                             ↓
└─────────────────────────────┘                        ┌────────┐
                                                        │ 信息处理 │
        ┌────────┐                                      │  中心   │
        │ 信息呈现 │ ←──────────────────────────────────└────────┘
        └────────┘
   ┌────────┐  ┌────────┐
   │家长手机 │  │教室投影 │
   ├────────┤  │教室白板 │
   │教师电脑 │  │电子班牌 │
   └────────┘  └────────┘
        │
        ↓
```

1. 家长即时接收与查看"高考倒计时"消息；
2. 每天在班级电脑投影（白板）上展示"高考倒计时"，让学生对高考时间做到心中有数，同时，每天有目标和自我激励的陪伴；
3. 每周一在教室里，全体同学集体宣誓，展士气，表决心；
4. 月考之后为缓解学生的紧张情绪，班级誓词换成心理调适技巧，在屏幕上滚动播放，供同学选择利用；
5. 每学期（年）自动生成班级"高考倒计时"内容PDF文档，供班主任印刷成班级纪念册，纪念册可作为奖品颁发给学生或批量印刷给学生。

图 5-8 "高考倒计时牌"信息发布（publish）、处理（processing）及呈现（present）流程图

案例实录

一、工具简介

高考倒计时工具，一次性录入相关数据即可，可以把时间精确到天、小时、分钟、秒、毫秒，配以学生的目标大学，自我激励宣言，也可以适当加入班级誓词和心理调适、自我减压小妙招等元素，让高考备考氛围紧而不绷。

二、"传统做法"与"互联网+做法"的比较（如表5-5所示）

表5-5　"高考倒计时"的"传统做法"与"互联网+做法"的比较

序号	项目	传统做法	互联网+做法
1	更替	手动	自动
2	省事省力	不	是
3	视觉冲击力	小	大
4	呈现方式	单一	丰富
5	呈现结果	静态	动态
6	精确度	低	高
7	效果	有限	无限

三、实施过程

"高考倒计时牌"实施过程大致分为："高考倒计时牌"活动班内宣传→"高考倒计时牌"活动方案制订→班主任召集全班学生照集体照一张→班内收集同学们的目标大学和自我激励话语并且发布信息→收集、修订班级冲刺誓言并且发布信息→录入"心理调适、自我减压"的相关内容并且发布→家长第一时间接收和查阅"高考倒计时牌"信息→班内循环展示"高考倒计时牌"海报。具体情况如下：

1. 明确开展"高考倒计时牌"活动的意义，做好班内的宣传。

2. 讨论和制订活动方案。定下"高考倒计时牌"的流程，经班委会起草，小组讨论并修订，再由全班同学质疑后确定，从而建立详细的活动方案。

3. 班内组织学生撰写自己的目标大学和自我励志宣言。

4. 收集、修订并发布信息，班委会收集同学们的目标大学和宣言，班主任对不合格者要求修订之后进行发布。

5. 收集、修订班级冲刺宣言并及时发布信息。班级以小组为单位上交一份班级誓词，然后 5 个小组的誓词通过全班票选的方式，选出最佳誓词并做出修订，录入并发布。

6. 为缓解学生备考压力，录入"心理调适、自我减压"的相关内容并发布。

7. 家长即时接收、查阅信息，优化家校合作方式。家长在第一时间接收来自高考倒计时牌的相关信息，让家长能够最快了解孩子的目标大学和学生的自我励志宣言以及帮助孩子减压的小妙招。同时，教师还能查阅家长查看信息情况，充分了解家长对孩子的关注程度。

8."高考倒计时牌"海报循环展示，动态地展示高考倒计时时间和同学们的目标和自我激励，班级誓词，减压小妙招。通过电脑屏保或定时软件，定期在教室白板或电子班牌上不间断、循环、滚动展示"高考倒计时牌"海报，强化了时间意识和自我激励效果，同时也为学生提供了压力释放的方法。

四、工具点评

1. 智慧高考倒计时牌成为高考的"变压器"。既提醒了学生时间的紧迫性，又注重了目标引领和激励作用，不是单纯让学生感到一种压迫感。当教室屏幕上的高考倒计时牌伴有自我激励宣言，班级誓词和心理调适、自我减压小妙招在滚动时，高考备考氛围就自然而然地紧而不绷了。

2. 智慧高考倒计时牌更生动，更精确，更温情。把静态的倒计时牌变成动态的效果，极大地节省了师生精力，甚至可以把时间精确到天、小时、分钟、秒、毫秒，更加人性化地激励了学生为目标而奋斗。

3. 智慧高考倒计时牌增强了目标意识。学生的目标意识需要不断强化，这种滚动式倒计时让目标潜移默化刻在学生心中，用目标去引领学生，不是简单粗暴地强加给学生，学生在为目标拼尽全力的同时，心理调适和减压小妙招也能助力备考。

4. 智慧高考倒计时牌成为一种教育新方式，它不再是简单的时间警醒器，而是一种师生交流形式，屏幕上就是老师想说的，想提醒的话语，学生时时刻刻都能感受到来自老师的真心关注，促进良好的师生关系更进一步，而温馨和谐的师生情会极大地影响学生今后的人生，这样的教育比起高考分数本身更有意义！

案例评析

从高考倒计时 100 天开始，所有高考考生心头上都会有一把剑，时刻悬在每个高考考生的心中。一方面，要提醒学生时间所剩不多，要全力以赴；另一方面，过度紧张的氛围又会让学生崩溃，不利于复习备考。如何做到两者兼顾，找到二者的平衡点，本案例给出了自己独特的想法和做法。"智慧高考倒计时牌"，高考的稳压器，达到了设计者的目的，起到了良好的效果。

"智慧高考倒计时牌"，操作流程清晰，操作过程方便，能让高三老师很快掌握并使用此工具，案例具有可操作性和推广性。

专家点评

"智慧高考倒计时牌"作为一种创新的教育工具，其设计和实施过程体现了现代教育理念与技术的有效结合。通过对比"传统做法"和"互联网 + 做法"，我们可以看到这一工具在提高时间管理效率、增强视觉冲击力、丰富呈现方式、提升精确度以及扩大效果范围等方面的显著优势。

首先，该工具的自动化更新功能大大节省了师生的时间和精力，使得倒计时信息始终保持最新状态，这对于高三年级师生而言极为重要。其次，动态的展示方式和丰富的内容设置（包括目标大学、自我激励宣言、班级誓词、心理调适和减压小妙招等）不仅增强了视觉效果，还提供了更为人性化和温情的激励方式，有助于缓解学生的紧张情绪，营造更为和谐的备考氛围。

从实施过程来看，该案例体现了良好的规划和组织能力。通过班内宣传、活动方案制订、目标设定、信息发布和循环展示等一系列环节，确保了活动的顺利进行和目标的实现。这不仅有助于提升学生的目标意识和自我激励能力，还促进了师生之间的交流和情感联系，为学生创造了一个更为积极健康的学习环境。

　　总的来说，"智慧高考倒计时牌"案例展示了如何通过现代技术和创新思维来优化教育实践，提高教育效果。它不仅是一个简单的倒计时工具，更是一个集目标设定、时间管理、心理调适和家校合作于一体的综合性教育平台。这种创新的做法值得在更广泛的教育场景中推广和应用。

用好"班级通知"　促进班级和谐发展

远安县第一高级中学　李婷婷

案例背景

微信消息已经成为除纸质文件、手机短信以外的第七种"送达"方式。2012 年修订的《民事诉讼法》在以前六种方式基础上新增"电子送达"，规定经受送达人同意，人民法院可以采用传真、电子邮件等能够确认其收悉的方式送达诉讼文书。此后，也有新的文件对"电子送达"进行了补充和细化。

班级管理通常采用 QQ 群、微信群及钉钉群发送通知，班主任所发消息常常被点赞、收到等消息淹没，不利于家长查阅信息。虽然钉钉群采用了即时统计并显示查阅信息的情况来解决这种问题，但最终还是不能充分解决在群里广播后的信息安全问题。这种无论是班主任还是家长都能面向全班广播消息的行为，在全国范围内造成一些伤害学生、伤害老师及伤害家长的事件，班级群中信息安全面临严重挑战。

为充分强化班级群信息管理的安全问题，"班级通知"应用工具应运而生，它采用点对点群发模式，家长即时接收信息，并使用带链接的多媒体文本发送通知，有效避开面向全班广播消息的问题。

面向对象

全体学生及家长。

信息流动情况

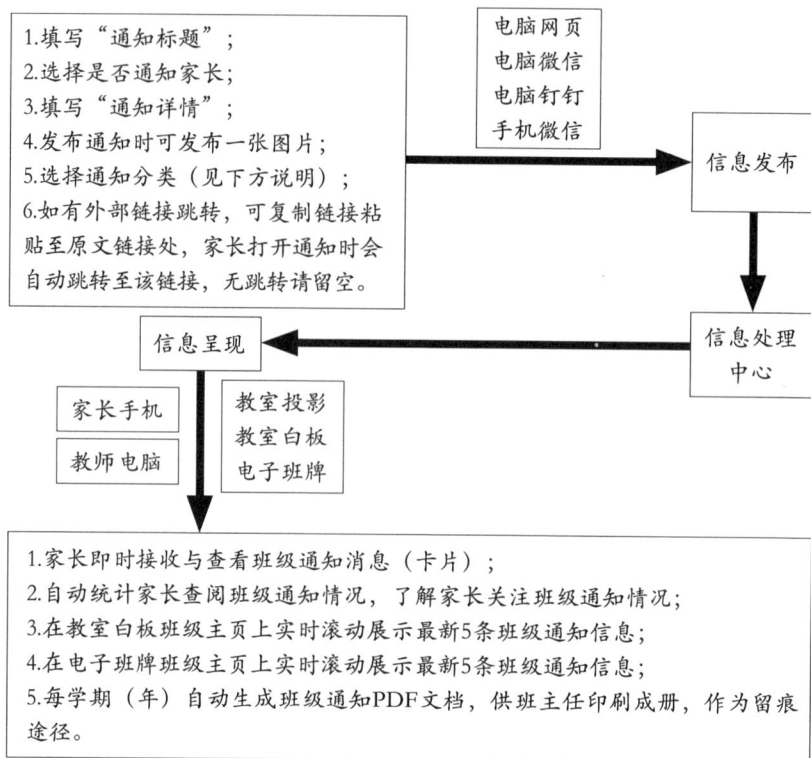

1.填写"通知标题"；
2.选择是否通知家长；
3.填写"通知详情"；
4.发布通知时可发布一张图片；
5.选择通知分类（见下方说明）；
6.如有外部链接跳转，可复制链接粘贴至原文链接处，家长打开通知时会自动跳转至该链接，无跳转请留空。

电脑网页
电脑微信
电脑钉钉
手机微信

信息发布

信息处理中心

信息呈现

家长手机
教师电脑

教室投影
教室白板
电子班牌

1.家长即时接收与查看班级通知消息（卡片）；
2.自动统计家长查阅班级通知情况，了解家长关注班级通知情况；
3.在教室白板班级主页上实时滚动展示最新5条班级通知信息；
4.在电子班牌班级主页上实时滚动展示最新5条班级通知信息；
5.每学期（年）自动生成班级通知PDF文档，供班主任印刷成册，作为留痕途径。

图 5-9 "班级通知"信息发布（publish）、处理（processing）及呈现（present）流程图

说明：班级通知的类别有常规通知、紧急通知、其他通知。如需增加可联系管理员增加。对于外部跳转链接，请填写链接地址，如不填写，不会跳转。

呈·现·界·面

家长主要通过手机微信公众号接收相关信息，有红点提示、通知列表页等界面，如图5-10所示。

图5-10 微信卡片式消息

一、工具简介

"班级通知"应用工具，可按单个、全班或分组对家长，进行点对点群发通知，通过微信强提醒及红点提示家长各自查阅接收到的班级通知信息（大大增强了信息传递的安全性），家长还能通过通知列表查阅历次班级所发布的通知（为家长了解班级政策的连续性提供有力支持）。另外，班主任可以查阅到家长阅读班级通知的情况，方便班主任掌握家长查收消息情况，提升工作的有效性和针对性。

二、"常规做法"与"班级通知"应用工具情况比较（如表5-6所示）

目前常规做法一般采用各类群（如 QQ、微信及钉钉等）发送通知，与当前使用"班级通知"应用工具情况比较如下。

表5-6 "高考倒计时"的"传统做法"与"互联网+做法"的比较

序号	项目	传统做法	互联网+做法
1	即时性	强	强
2	信息查询	不方便	方便、快捷
3	私密性	弱	强
4	条理性	弱	强
5	系统性	弱	强
6	信息安全性	弱	强

三、操作流程（如图5-11所示）

1. 首先创建班级，然后添加学生信息，对学生进行分组、选择"班级通知"应用工具以及让家长绑定学生信息（此过程各应用工具操作基本一致）。

2. 按要求拟定班级通知标题及内容。

3. 将班级通知的有关信息，按格式填写至发布页面，并发布至系统中。

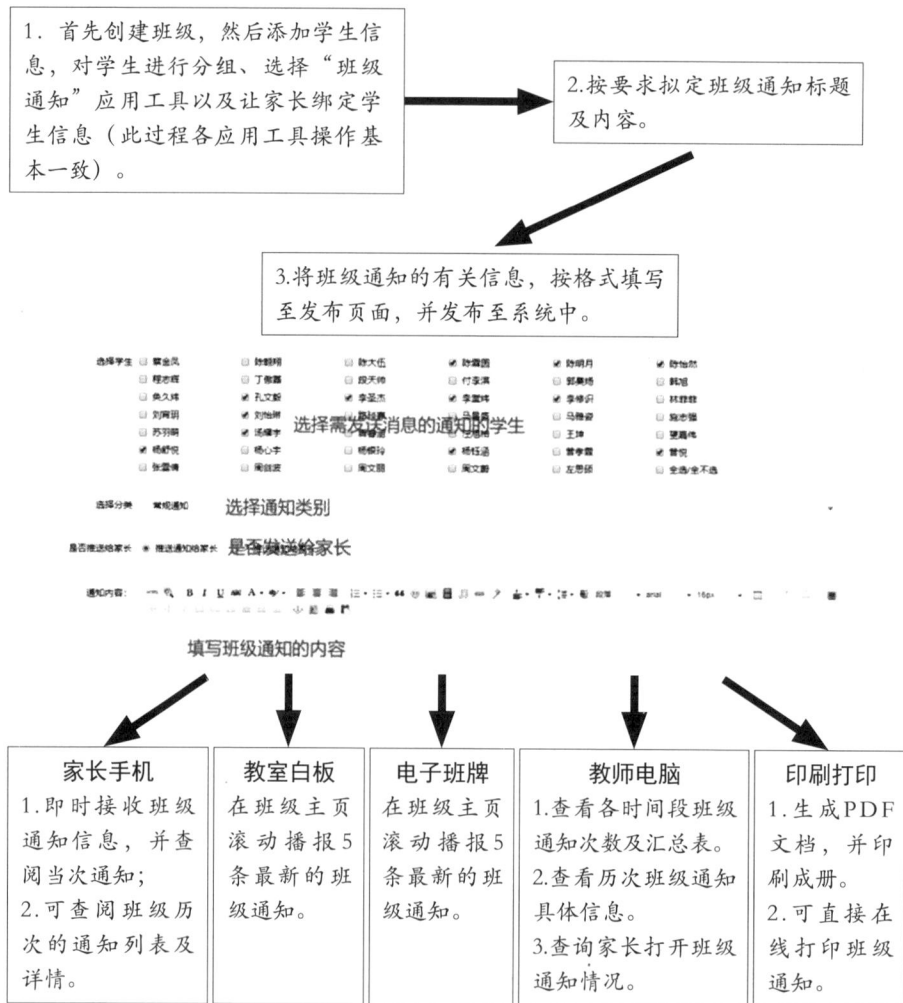

选择需发送消息的通知的学生

选择通知类别

是否发送给家长

填写班级通知的内容

家长手机	教室白板	电子班牌	教师电脑	印刷打印
1.即时接收班级通知信息，并查阅当次通知； 2.可查阅班级历次的通知列表及详情。	在班级主页滚动播报5条最新的班级通知。	在班级主页滚动播报5条最新的班级通知。	1.查看各时间段班级通知次数及汇总表。 2.查看历次班级通知具体信息。 3.查询家长打开班级通知情况。	1.生成PDF文档，并印刷成册。 2.可直接在线打印班级通知。

图5-11 信息流动情况

四、工具点评

2017 年 7 月 19 日，最高人民法院印发《关于进一步加强民事送达工作的若干意见》（以下简称《意见》），对"微信送达"的相关要求进行了细化。微信送达有明确要求：《意见》第二条中，明确了"微信送达"的说法，是"电子送达"的一种方式，需要征得当事人同意，并由其提供微信号，便可进行"微信送达"。"班级通知"应用工具在班内运用，充分体现了以下几个方面：

1. 实时精准送达，方便系统查阅。"班级通知"应用工具通过微信消息精准送达每位家长、每位学生、每位老师，点对点地精准送达，具体到每个特定时间、不分地域、只要有网就能送达，如图 5-12 所示。

图5-12 微信消息提示

针对学生家长一对一、一对多的群发消息，不再像 QQ 群、微信群及钉钉群面向全班家长或学生进行广播，免去了铺天盖地的类似于"收到""好的""谢谢"之类的点赞或肯定的刷屏信息，最后通知信息被彻底覆盖，后来者需翻阅很久才能看到通知消息。

2. 即时高效接收，实时有效统计。家长通过关注"幸福云教室"公众号，接收消息。在班主任发送通知时，家长同时会收到位于好友列表中"幸福云教室"的一条红点提醒，进入后会看到一则卡片式消息，包含了发布人、发布时间、通知标题及通知内容提要等信息。家长通过点击查看详情，进入通

知详情页，通知内容可以包含文字、图片、视频甚至跳转至其他网页，如图
5-13 至图 5-14 所示。

图5-13 家长接收的卡片式消息　　图5-14 班级通知提醒

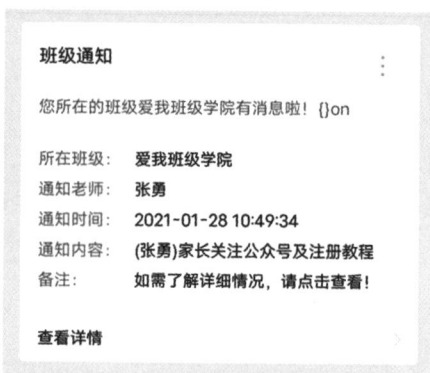

　　家长精准接收到卡片式消息，点击进入还可以查看详情，同时班主任通过
"消息记录"页面，查看通知发送情况，包含发送人数、失败数、成功数、查
看人数、通知详情以及查阅家长、学生查看阅读情况，以快速了解家长、学生
是否查看到，确保重要内容及时送达给学生及家长。后台对家长历次打开情况
自动统计，让教师充分了解家长关注班级的情况，如图 5-15 至图 5-16 所示。

图5-15 手机端情况　　　图5-16 每位学生家长打开通知的统计情况

　　3. 摒弃全班广播，促进和谐发展。QQ 群、微信群及钉钉群在班级管理中
起到了积极作用，但是班主任通过 QQ 群、微信群及钉钉群面向全班家长或学

生进行广播后，带来许多潜在的信息安全问题。例如，平时班主任通过群做常规工作的安排频率很高，可能因为孩子回家后不恰当的反馈，造成家长理解的偏差，最终导致家长在群里怒怼班主任，造成家校关系紧张。另外，在班级群里表扬或者批评某些同学，被家长看到后，对班内几乎每位同学都会形成强烈的影响，在群内批评和表扬孩子都不合适。亦有家长在群内通过群发消息形成相互攀比的局面，给其他家长或学生造成不必要的心理负担。同时群内还可能混入"假班主任"，利用班主任身份对群里学生家长实施诈骗行为。总之，各类群面向全班广播的功能会带来很多意想不到的信息安全问题。"班级通知"应用工具彻底摒弃面向全班广播的功能，有效避免以上事情发生，从而促进班级和谐发展。

案例评析

"班级通知"是实施班级管理中最常用的方法之一。运用好"班级通知"，不仅可以起到联结家长和教师的纽带作用，还可以成为彼此沟通、激励学生、融洽师生关系的有效途径。然而，"班级通知"教师通常是通过群（如 QQ 群、微信群及钉钉等）来发布消息，这样面向群内全员发布消息的方式，虽然传播面广，但却存在一些弊端：一是无用信息量大，容易造成信息被覆盖。导致部分家长，需要"爬很多楼层"才能看到消息，耗时费力；二是群本身存在一些潜在的安全隐患，让身为群主的班主任防不胜防；三是与学生相关的某些消息发布至群后，家长之间容易攀比，这样会给部分学生或家长带来心理负担，不利于融洽亲子关系。

如何才能让发布的班级通知安全、及时、精准地送达到家长和学生那里，同时又起到有利于家校共育、有利于融洽师生关系和亲子关系、有利于激励学生向上、有利于促进班级和谐，案例中教师运用"幸福云教室"班级通知应用工具实现了这一理想的效果，值得推广。

专家点评

家庭是孩子的第一所学校，家长是孩子的第一任教师，是孩子成长路上的重要角色。随着《中华人民共和国家庭教育促进法》的制定与出台，意味着国家对家庭教育的重视程度已经上升到了法律的高度。作为班主任，如何加强与家长的联系和沟通，从而更好地发挥家校共育的重要作用，是班主任班级管理的重要组成部分。本案例真实地记录了班主任巧妙地运用智慧工具"班级通知"，将学生在校的信息安全、及时、精准地送达给家长，架起了一座家庭与学校信息共享的桥梁，让家长随时随地都能查阅班级动态，从而有的放矢地配合班级管理工作，促进班级和谐发展。

"萌娃加油站"　家园爱陪伴

远安县商业幼儿园　冯从葵　陈小卫　远安县第一高级中学　张勇

案例背景

　　2021 年以来，各学校、幼儿园实行严格的封闭式管理，家长早晚接送孩子都不能入园，幼儿园组织的亲子活动和家长开放日也受限，导致家长和教师面对面交流沟通的机会骤然减少。家长对孩子在园的情况、对老师所做的工作、对幼儿园的教育理念了解非常有限，家园之间合力教育明显断了桥。但幼儿教育又必须与家庭密切联系，幼儿园也应当为家长提供科学育儿宣传指导，引导家长创设良好的家庭教育环境。为充分发挥家园共育的作用，基于"幸福云教室"系统定向设计智慧工具"萌娃加油站"优化了目前的工作。

面向对象

　　全体幼儿家长。

信息流动情况

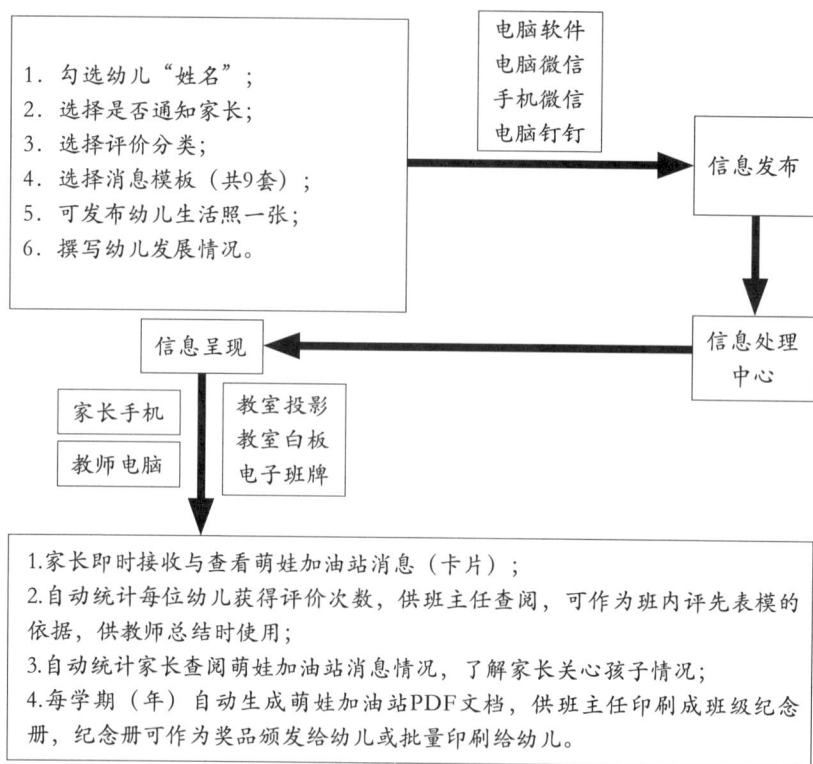

图 5-17 "萌娃加油站"信息发布（publish）、处理（processing）及呈现（present）流程图

说明："萌娃加油站"的类别有动作发展、生活习惯、倾听表达、阅读书写、人际交往、社会适应、科学探究、数学认知、感受体验、表现创造十个方面，教师还可依据班级管理的需要而增减评选类别。

呈现界面

"萌娃加油站"供家长查阅的手机端，包含卡片提示和内容详情页，如图 5-18 所示。家长可在发布消息的第一时间收到评定消息，并可按照内容详情页，系统、全面地了解孩子在校表现情况。

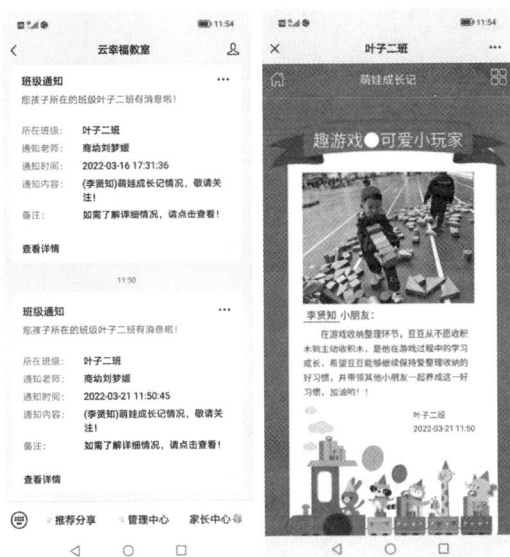

图5-18　家长手机端接收的卡片式消息

一、工具简介

"萌娃加油站"基于给幼儿"奖状"思想而设计。用于教师向家长发布幼儿在园的日常生活、游戏、运动、学习等情况，让家长了解孩子动作发展、生活习惯、倾听表达、阅读书写、人际交往、社会适应、科学探究、数学认知、感受体验、表现创造十个方面的发展现状，建立富有个性的幼儿电子成长档案，呈现幼儿成长的发展历程、发展水平、发展特点，减轻教师家园沟通的负担，提升家园合作效率，在家园共同关注幼儿成长的过程中，协同商议支持策略，支持幼儿个性化发展。

二、"传统做法"与"互联网+做法"的比较*（如表5-7所示）

表5-7 "萌娃加油站"的"传统做法"与"互联网+做法"的比较

序号	项目	传统做法	互联网+做法
1	即时获取信息	无	有
2	信息查询	不系统	系统、快捷
3	数据连续性	弱	强
4	受众面	小	广
5	促进成长作用	弱	强
6	统计表	无	有
7	小红花牌	无	有
8	纸质版纪念册	无	有
9	家园共育	无	有

利用"互联网+"，教师能够把幼儿在园的信息通过"萌娃加油站"智慧工具实时向家长推送，提高了家园信息互通的效率，降低时间和物质成本，实现高效的家园互动与合作共育。

三、实施过程

在班内实施"萌娃加油站"活动时，大致分为：班内教师商议并制订"萌娃加油站"方案→通过家长会面向家长做好"萌娃加油站"活动宣传→点对点邀请幼儿家长关注公众号并绑定孩子信息→教师每日观察、拍照、记录并发布幼儿信息至"萌娃加油站"智慧工具中→家长即时接收和查阅孩子在校表现信息→"萌娃加油站"信息印刷成班级纪念册→将班级纪念册颁发给家长。具体情况如下：

1. 班内教师商议并制订"萌娃加油站"方案。班主任牵头，组织班内教师一起商议确定"萌娃加油站"使用方案，在模板内创建班级，完善班级文化元素，导入班级幼儿信息，要求每周每名教师发布不少于4条信息。

2. 通过家长会面向家长做好"萌娃加油站"活动宣传。在正式使用此款工具前，教师应通过线上或线下会议的形式向家长宣传。"萌娃加油站"这款工具是为了家园之间信息即时互通，家园共同促进孩子健康发展的重要渠道，家长要足够重视，及时查阅老师发布的信息，关注孩子的发展，必要时多和老师互动。

3. 点对点邀请幼儿家长关注公众号并绑定孩子信息。指导家长扫描"幸福云教室"二维码或微信搜索"幸福云教室"五个字，然后关注"幸福云教室"公众号，再从公众号底部进入家长中心，选择身份，填写幼儿姓名和电话号码（此处姓名与电话号码应该与班主任导入的学生信息保持一致，手机号仅做身份认证，对错无关紧要）。

4. 教师每日观察、拍照、记录并发布幼儿信息至"萌娃加油站"智慧工具中。教师对幼儿在园生活、游戏等情况认真观察，把孩子的精彩瞬间或明显差异的情况，用手机镜头记录下来，用简短的文字描述（100 字以内）、分析后提出合理期望，使用电脑或手机发布信息。

5. 家长即时接收和查阅孩子在幼儿园的表现情况信息。家长在"幸福云教室"公众号会第一时间收到一条通知，点开通知，查看详情即可看到老师发布的消息，了解到孩子在园的情况，及时与老师联系和交流。家长待孩子回家后可对孩子及时鼓励与纠错。

6. 将"萌娃加油站"信息编排、印刷成班级纪念册。系统中"萌娃加油站"发布的信息可自动生成 PDF 文档，下载 PDF 文档，编排、组合并印刷成书（班级纪念册）。

7. 将班级纪念册颁发给家长。班级纪念册可用作班级"毕业典礼册"或"成长纪念册"，在毕业之际或学年度表彰会上，颁发给幼儿家长，留与幼儿及家长作为成长纪念。

四、工具点评

1. 用心发现，静心思考，助力教师自我提升。

"萌娃加油站"让老师们闭住嘴、管住手，不干涉孩子的游戏行为，而是睁大眼睛去看，竖起耳朵去听，老师更加细致、客观地看到孩子生活、游戏中的小细节，发现孩子们惊人的创造力和解决问题的能力。3月的一天，我这样记录并发布信息给家长："今天，宝贝把一块木板搭在竖立的大油桶上，变成了木板滑滑梯，和小伙伴排队从上面滑下来，但是滑梯的高度和悬空让他们经常摔下来，于是宝贝搬来软垫放在下面，给大家做了安全防护，这样就不会摔伤。看，小小的你不仅有爱心，还有智慧！"

教师通过对孩子们每天简单游戏的观察，对孩子们不一样的表现，不是着急否定，而是予以尊重，积极引导，教师的能力在无形中得到提升，另外，日积月累的记录与点评，不仅让家长们能够系统地了解到孩子在园的成长轨迹，同时也提升了教师观察、分析幼儿行为的专业能力。

2. 耐心等待，静候花开，家园爱陪伴。

橙橙是我们班里一个文静的小姑娘，她在班里极少主动表现、表达，总是默默无闻，因此，常常被同伴忽略。一次晨间锻炼时，我发现橙橙的篮球操动作很规范，我眼前一亮，拿起手机拍下了她的精彩瞬间。随后，在"萌娃加油站"中我就这件事情表扬了橙橙。当橙橙妈妈接收到信息时，激动不已，给我发了消息表达感谢，告诉我橙橙回家看到自己拍球的照片后很开心，还在全家人面前示范了篮球操。通过沟通，橙橙妈妈表示想和我一起配合，帮助橙橙树立自信心。之后的几天，我也不定时利用"萌娃加油站"给橙橙妈妈反馈橙橙在园表现，之后橙橙妈妈经常说："您的功劳，我们的共同配合起到作用了。"从那以后，橙橙做早操的积极性越来越高，动作也越来越标准，还当了带操小班长，橙橙开始变得大胆自信。橙橙的改变，让我意识到每个孩子的学习方式和发展速度不一样，在不同发展领域的表现也存在个体差异，在集体中我们会感觉这种差异表现尤为明显，有的发展快，有的发展慢。如果家长老师观念一致了，孩子在家或在园都是安全轻松的环境，他们就能在家园共爱共育的环境里自由表达意愿、宣泄情绪、展示能力，就能健康快乐地成长。

3. 尊重家长，保护隐私，优化家园沟通。

"萌娃加油站"让家长们从教师发布的分类信息中，了解到自家孩子在"动作发展、生活习惯、倾听表达、阅读书写、人际交往、社会适应、科学探究、数学认知、感受体验、表现创造"方面的发展现状，这些方面正是幼儿期孩子学习和发展的领域。

使用"萌娃加油站"智慧工具后，老师发布的消息，直接点对点送达给家长，家长仅能接收、查阅自己孩子相关的信息，这样既尊重了家长，又保护了孩子的隐私，更有利于家园沟通。这种仪式感强，点对点式图文相结合的信息沟通模式，在尊重个体差异、保护孩子隐私方面明显优于"使用家长群沟通"的常规做法。

案例评析

"萌娃加油站"智慧工具让家长、老师看到了孩子的另一面，原来孩子搬梯子、搭房子、挖沙子、做车子，在这些跑来跑去、爬上爬下、拼拼搭搭的游戏中，既发展了身体动作的协调性和灵活性，还在这样的自主游戏中学会了商量、沟通、创意、争取、分工、妥协、合作等多种人际交往的能力，最重要的是他们的创造力和想象力远远超过了我们这些大人的思维方式。

"萌娃加油站"智慧工具，向家长传递幼儿在园活动内容和表现的同时，也向家长传递了科学的育儿理念、实时的幼儿教育资讯和自己孩子的发展历程，海报呈现有幼儿班级、发展领域、行为图片、教师记录等内容，给家长满满的仪式感，教师每次发送的信息后台都会保存，每个孩子都可形成一个电子成长档案。

专家点评

"幸福云教室"系统中的"萌娃加油站"智慧工具为家园沟通带来新的途径，在体现了信息及时性的同时保护了幼儿和家长的隐私，家园沟通效果显著。然而，在探索的过程中也出现过问题：开始大家把要发布的信息理解为给孩子写评语，绞尽脑汁地归纳总结孩子的优点，语言空泛形式化，内容胡子眉毛一把抓，发布消息既花费时间，德育效果也不够显著。后期老师们要继续用心观察孩子的日常，记录孩子的精彩瞬间或者与众不同的关键时刻，向家长反馈孩子的日常，这样家长才能接收到真实可信的孩子信息，了解到老师传递的科学育儿理念，更好地实现家园信息互通和深度合作。

巧用"小打卡"打卡情况统计及考评系统
提升办公效率　促进教师发展

远安县教育局督导办　齐家兰　远安县第一高级中学　张勇

案例背景

远安县教育局将"3X"时光成长计划打卡行动列为全县教师队伍建设六大行动之一，由县"农村教师队伍建设创新研究"名师工作室负责管理。该工作室主持人齐家兰担任打卡圈的圈主，每天负责统计发布全县180多名教师的打卡、补卡及观评情况。

传统的 Excel 电子表格使用起来有诸多缺陷，主要体现在以下几点：

1. 信息量太少，一张电子表格只能反映当天的打卡情况；

2. 工作量较大，统计时需要逐个填写，遇到补卡需要单独备注，特别麻烦；

3. 信息不够精准，表格很密集，记录与统计时极容易错位，导致信息错误；

4. 切图不太方便，需要手动切图，由于信息太长，有时一次不能成功；

5. 打卡信息查阅的便捷性、连续性、完整性差，不能很好地发挥激励教师成长的作用。

如何解决这些问题，从而提升办公效率，促进教师专业发展呢？利用"幸福云教室"系统中"小打卡"打卡情况统计及考评系统"智慧工具来进行记录、统计与评价，能较好解决相关问题。

面向对象

参与打卡的教师及管理人员。

信息流动情况

采用了类似于 TTPS 模式，评价信息即时发布即时接收。

呈现界面

"小打卡"打卡情况统计及考评系统自动生成的打卡统计及评价图，以卡片的形式呈现在打卡教师的手机微信端。其中包括圈子当天情况、圈子本周情况、圈子本月情况及圈子总情况，让管理者一目了然。

案例实录

一、工具简介

"'小打卡'打卡情况统计及考评系统"智慧工具，依据"3X"时光成长计划打卡行动的管理需求进行定向设计，包含了项目介绍、操作流程、使用技巧、使用教程及应用功能等项目。该智慧工具主要用于记录及统计打卡考评过程中生成的打卡日记加精次数、打卡日记置顶次数、优秀观评日记次数、优秀打卡日记次数、打卡、补卡等数据，并按周自动生成考核数据表，用于公示每日打卡统计情况。运用好"小打卡"系统应用工具，轻松解决了电子表格的局限，大幅提升了管理效率，有效激励了老师们打卡的热情。

二、"传统做法"与"互联网+做法"的比较（如表5-8所示）

传统的 Excel 电子表格在信息的容量与连续性、信息的统计与生成、信息的获得与查询、工作量的大小与结果对老师们的激励等方面，不具备互联网＋"小打卡"系统智慧工具所具有的优势。

表5-8 "'小打卡'打卡情况统计及考评"的"传统做法"与
"互联网+做法"的比较

序号	项目	传统做法	互联网+做法
1	信息完整性	弱	强
2	数据连续性	无	很强
3	生成切图信息	复杂	简单
4	即时获取信息	无	很快
5	信息查询	不方便	方便、快捷
6	工作量	大	小
7	激励效果	弱	强

三、实施过程

"3X"时光成长计划打卡行动整个活动的实施过程分为：拟订打卡活动实施方案 —— 撰写并发布报名通知及打卡行动相关说明 —— 统计汇总报名情况 —— 创建微信群或钉钉群，邀请打卡教师进微信群或钉钉群 —— 创建打卡圈，邀请教师进入打卡圈打卡 —— 制定打卡行动系列制度 —— 利用"小打卡"打卡情况统计及考评系统"智慧工具进行考核及评价。

1. 拟订打卡活动方案。根据夏风教室推出的"3X"时光成长计划活动要求，结合远安县教师队伍实际，拟订《远安县教育局关于开展"3X时光成长计划"的活动方案》。

2. 撰写发布打卡说明。结合打卡活动方案的要求，向全县所有的学校（幼儿园）发布报名通知，并就关于加群、加圈、打卡（格式、标题、内容、时间和方式）、观评以及手机微信绑定等相关事宜，撰写详细的说明。

3. 统计汇总报名情况。对各学校（幼儿园）报名打卡情况，分单位和类别（新入职教师、未来校园长和自愿加入的教师）进行统计，最后完成汇总一览表。

4. 创建微信或钉钉群。创建打卡行动微信群或钉钉群，根据"夏风教室"的统一要求，命名为"远安未来教育家（2022）"，所有参与打卡的教师邀请进群，按单位＋姓名的格式要求修改群昵称。

5. 创建邀请进打卡圈。创建一个打卡圈，根据"夏风教室"的统一要求，命名为"远安的发现、实现、呈现"，所有参与打卡的教师邀请进打卡圈，按单位＋姓名的格式修改群昵称后，就可以按照打卡的相关说明开始打卡了。

6. 制定打卡行动制度。为了培养老师们养成坚持打卡的习惯，同时确保打卡质量，奖励先进，鞭策后进，结合参与打卡的教师队伍实际，制定打卡制度，经反复讨论修改后试行。

7. 运用智慧工具考核。为有效提高办公效率，激发教师打卡的积极性，评价考核运用"'小打卡'打卡情况统计及考评系统"智慧工具，具体操作流程为：创建圈子 —— 导入成员信息 —— 对成员分组 —— 发布打卡统计及评价 —— 生成打卡统计及评价图 —— 每天在群里公示本周打卡进度及情况 —— 查询考核结果。

（1）信息录入系统后，系统会自动生成打卡统计及评价图。管理人员只须在系统页面的左侧栏目找到"成员次数周汇总"项目并点开，再在主页面的上方找到本周（切图用）点开，然后直接将网页另存为图片就可以了。

（2）查询考核结果。管理人员可以通过"小打卡"系统中的成员考核汇总栏目，查看教师个人的分数、次数等考核结果，也可以通过详情查看与删除栏目，查看小组考核结果。

四、工具点评

"'小打卡'打卡情况统计及考评系统"智慧工具相对传统的电子表格，具有以下优点：

1. 信息量增加，利于教师发展。利用"'小打卡'打卡情况统计及考评系统"智慧工具，不仅可以统计每天的打卡、补卡情况，还可以发布优秀观评、优秀打卡以及给打卡日记加精。而且，管理人员随时都可以登录查看系统对老师们的评价考核情况、成员分数情况等。信息的输入由复杂变得更简单、简洁；信息的输出由单一性变为多元性，信息量增加，有效性增强。多元信息的出现，会时不时带给教师以希望和惊喜，例如，打卡日记被加精了、观评日记被评为优秀等次，等等。这样，教师打卡的激情更浓了，观评的质量更高了，整个打卡团队的素质提升了。

2. 操作更便捷，提升管理效能。利用"'小打卡'打卡情况统计及考评系统"智慧工具统计每天的打卡以及对打卡进行评价时，只须将信息录入系统后，系统就可以自动生成统计和评价图表，只须点击网页另存为图片就可以了，这样减少了手工切图的不便，大大提高了管理者的工作效能。

3. 信息更精准，方便教师查阅。利用"'小打卡'打卡情况统计及考评系统"智慧工具进行统计时，只要输入的信息正确，系统就能在第一时间精准地将个人信息以通知的形式送达给每位教师，方便教师随时用手机查阅，再也不用担心因刷屏漏看管理员在群里发布的切图信息。

4. 拓展空间大，利于活动开展。"'小打卡'打卡情况统计及考评系统"智慧工具具有很大的拓展空间，它可以根据使用者在使用过程中的实际情况，灵活删减和增加相应的功能，使整个系统处于一种动态更新的状态，更好地服务于使用者的运用需求。

5. 激励作用好，强化教师成长。"'小打卡'打卡情况统计及考评系统"智慧工具突破时间和空间限制，及时精准地自动生成数据考核表，方便教师第一时间手机查阅个人打卡详情，减轻了教师每天在群内查看信息的负担。同时，"'小打卡'打卡情况统计及考评系统"智慧工具生成的打卡及考评结果，以精美的卡片形式呈现在每位老师的手机上，项目一目了然，让老师们每天有新的期待，避免了因长时间打卡所产生的倦怠感，激励教师每天带着思考深度发现自己，发现身边的每一个孩子。在发现中实现，在时光里呈现。

工具拓展

"'小打卡'打卡情况统计及考评系统"是"幸福云教室"里的一种泛化形式，类似的还可以应用至班主任培养，让班主任每天记录班级学生成长情况，然后对记录学生成长情况进行统计及考评；也可落实班主任每日对学生的表扬，颁发一张电子奖状、一张聘书、一封表扬信等，然后落实对其赞扬情况进行统计及考评。

案例评析

"3X 时光成长计划"打卡行动以"舞台·主角"理论（人人是自己的主角、舞台是人人的舞台、台上台下都是主角）为依据，让老师们每天坚持写200 字，通过长期不间断地每天坚持写，提升自己的发现力、实现力和呈现力。（"3X"指的是发现、实现、呈现。）"3X 时光成长计划"打卡行动以来，已历时 300 多天，在管理员的用心经营和老师们的共同努力下，圈里近 90% 的老师坚持得不错，打卡行动持续保持良好的运行状态。

在打卡行动的中期，管理员和老师们也曾一度陷入了瓶颈期。管理员每天机械单一地进行打卡统计，不仅耗时耗力，统计出来的结果对老师们的激励作用也收效甚微。老师们参与打卡的新鲜感过后，打卡的质量也渐渐有所下滑，管理员的口头鼓励和提醒也只能激励一部分老师。

如何突破瓶颈期？"'小打卡'打卡情况统计及考评系统"智慧工具出现了。圈主巧借"'小打卡'打卡情况统计及考评系统"智慧工具，对 180 多名教师的打卡行动进行统计与考评，大大提升了工作效率，从而保证有更多的时间阅读，点评老师们的打卡。同时，利用"'小打卡'打卡情况统计及考评系统"智慧工具及时发布信息后，可以有效地激励老师们每天坚持打卡，及时补卡，用心观评。在打卡行动中抒写自己的人生史诗，为人生积淀，为生命赋能。教师的发现力、实现力和呈现力也在打卡行动中不断提升，助推了教师的专业发展。

（专）（家）（点）（评）

"'小打卡'打卡情况统计及考评系统"在远安县教育局的应用是"幸福云教室"系统泛化出来的一种形式，展现了现代信息技术与教育管理相结合的巨大潜力。通过这一系统，不仅优化了办公流程，提高了工作效率，还有效促进了教师的专业成长和日常教学的互动交流。以下几点值得特别关注：

技术与需求的完美结合：该系统针对传统管理方式中的不足，如信息量有限、工作量大等问题，提供了自动化的解决方案，使得信息的收集、整理和分析更加高效、准确。

促进教师自我发展："小打卡"系统不仅是一个简单的打卡工具，更是一个激励和评价的平台。它通过实时反馈和评价机制，激发了教师持续参与的积极性，促进了教师的自我反思和专业成长。

增强管理的透明度和公平性：系统自动生成的统计和评价结果公开透明，减少了人工操作的错误和主观偏见，增强了管理的公平性和教师的信任感。

提升团队协作与交流：通过打卡圈的形式，教师可以相互观评、交流心得，形成了积极向上的学习共同体，有助于构建良好的教育生态。

灵活的应用范围：除了在教师打卡管理中的应用外，该系统还具有很好的拓展性，可以应用于班主任培养、学生表现记录等多种场景，显示了其广泛的适用性。

总之，"'小打卡'打卡情况统计及考评系统"在远安县教育局的应用，不仅提升了管理效率，更重要的是为教师提供了一个自我展示、自我提升的平台，有力地推动了教育的现代化进程。未来，期待看到更多此类创新工具在教育领域的应用，以促进教育的全面发展。

第六章

玩转"幸福云教室"的十大技巧

巧妙撰写颁奖词　激励更具感染力

远安县第一高级中学　吴秀峰　张勇

在班级管理中，文字激励机制一直是推动学生进步最强有力的助推器，颁奖词是其中最常见的形式。颁奖词撰写的管理须科学规范，颁奖词的内容不能华而不实，它需要真诚加持，同时充满艺术性。

一、颁奖词撰写的管理

在信息的生成与传递中，颁奖词撰写管理过程的科学规范，能促使其内容深入学生内心。一般来讲，颁奖词撰写的管理与运作应当按照以下流程进行：

1. 成立各种班级推选评价委员会，推选组长由相关部门的班干部担任，评价委员会由班内表现优秀的学生担任，评价委员会平时须主动观察并挖掘在纪律、学习、生活、体育、卫生、文娱、宣传、安全、电教等方面的人或事。

2. 根据班级管理中教育教学的实际需要，班级评价委员会、普通同学或科任教师根据有关规定，对相关的人或事提名，同时鼓励毛遂自荐。再由班级评价委员会审定，确定好表彰与宣传的名单。

3. 撰写颁奖词。颁奖词一般由评价委员会成员撰写，也可由获奖人指定人员为其撰写颁奖词，亦可全班学生轮流写颁奖词，待撰写完毕后再请评价委员会成员修订，最终交予获奖人查阅定稿。

4. 将已撰写好的颁奖词交予电教组，电教组按照要求与格式发布至"幸福云教室"系统，并设定好定时展示的相关参数，随后在教室白板上高频率持续、滚动展示。

5. 如有必要，某些颁奖词可利用班会或固定时间段，由撰写人为其深情诵读颁奖词，诵读完毕后并为其颁发相关荣誉证书。建议将该过程全程录制，赠与该获奖人。

6. 最后由班主任（教师）对该过程进行总结和点评，对参与人员予以肯定，尤其要对获奖的人或事做不同程度的延伸和升华，进而让获奖的人或事更好地引领班级发展。

二、颁奖词的内容形式

泰戈尔曾说："不是锤的打击，而是水的载歌载舞，才使鹅卵石臻于完善。"颁奖词的内容就是教育中那载歌载舞的水，好的颁奖词会使宣传更具感染力，教育效果更显著。颁奖词常采用以下几种形式：

（一）"流行语式"的颁奖词

网络流行语是大家每年都十分关注的语言现象，许多健康且幽默风趣的词汇可以供我们作激励性的评价。在给学生评价时，我们可以不失时机地引用这些流行语，从而极大程度地增强颁奖词的亲切性、趣味性，例如，给某位同学颁发进步奖：

×× 同学：

高三一年，你不惧挑战，克服病痛，你不仅战胜了许多人，更战胜了自己，致那个乘风破浪的你！

又如给某位同学颁发"超级学霸"奖：

×× 同学：

确认过眼神，你就是最棒的人！上课时间，你是那个全程专注的精神小伙，下课10分，你是那个爱问问题的博学少年，你用行动和结果诠释了什么叫"超级学霸"！

（二）"宣传口号式"的颁奖词

这一类一般用于班级目标、活动口号、班级口号。我们在选择时，尽量避免一些不具美感、内容不符合教育观的评价，例如，"天下第一班，谁敢当老二""发型到位，气质高贵。我们呐喊，二班万岁"。口号除了要有气势外，当然还需要对仗、押韵，同时要具有班级特色，充分体现班级的文化内核，例如，"细节决定成败，态度决定高度""信心无畏，良心无愧，恒心无敌，青春无悔""不积小流无以成江海，不积跬步无以至千里"等。注意这些细节，当班级喊出此类口号时，必能极大程度增强班级凝聚力！

（三）"座右铭式"的颁奖词

这类一般用于学生座右铭、教师寄语以及学生自我激励性的评价中，学生座右铭及教师寄语须符合当前班级建设的特色。

例如，对于"习惯"养成的座右铭："所有的魅力在'习惯'面前都将无色。""一个钉子挤掉另一个钉子，坏习惯需要由好习惯来取代。"

例如，理科演算公式更加客观，一目了然，例如："理想 + 信念 + 反思 + 意志 = 大学""$(1.01)^{365}=37.8$　$(0.99)^{365}=0.03$"等。

一篇好的班级颁奖词能让获奖的人或事，在借助班级大屏海报宣传时，具有更强的感染力，效果得到最大程度的发挥，使班级管理达到事半功倍的效果。当然，好的评价内容、好的呈现方式、好的激励效果需要每位教师用心发现，用心呈现，用爱实现。

图片在线轻松做　班级文化靓起来

远安县第一高级中学 吴苹 张勇

在日常生活中，图片的处理是使用频率极高的一门技术，在班级管理过程中也不例外。过去处理图片，一般采用专业级软件（如 Photoshop）设计并制作图片，或者用最简单的操作技术"美图秀秀"。但是，"美图秀秀"做出来的图片终究不能适用各种复杂场景。一般来讲，一款专业级软件的学成需要好几个月，熟练掌握并灵活运用需要好几年。但是近些年出现了一些在线做图的网站，他们的宣传是"会打字就能做出大设计"。我们已经测试过多家网站，它们的功能非常强大并且齐全，连最费时的抠图技术，引入 AI 技术后，几乎是秒扣。

我们某网站在线做图技术为例，介绍如何在线做图，为班级文化建设服务。

一、一般操作流程

1. 首先我们需要在该网站上注册一个账号。

2. 登录网站，右上角找到"进入工作台"，点击进入个人设计中心。

3. 顶部"模板中心"框处，填写您需要设计图片的主题内容，输入如"奖状"这样的关键词，然后点击搜索，便能查询到海量的（每页 35 个，共 149 页）、与"奖状"相关的设计模板，如图 6-1 所示。

图6-1 搜索"奖状"后结果显示页

4. 选择模板，在线修改相应的文字、替换对应的图片，适当调整各类参数。

5. 右上角找到"无水印下载"，选择"图片格式"，下载并保存该图片后便能直接使用。

二、白板满屏大图——"毕业晚会"主题图制作

"毕业晚会"主题图片规格：横版、尺寸大小（3400px×1700px）。

"毕业晚会"主题图片用途：作为晚会主题图，于电子白板屏幕上展示。

"毕业晚会"主题图片制作流程如下：

第1步：搜索主题。"模板中心"框处搜索"毕业"关键词获取模板列表；

第2步：类目选择。在模板列表中先选择"用途"中"横版海报"分类筛选模板；

第3步：模板选择。在筛选后的模板列表中选择自己中意的模板，我们选择一款模板。初始状态如图 6-2 所示。

图6-2 模版初始状态

以上文字及背景图都是可以替换的。为了省时省力，通常选择相似的模板，稍作改动即可。在此模板基础上，我打算修改"怪兽大学""级毕业展"两个词组。

第4步：文字修改。选中需要修改的文字部分，双击进入修改状态，然后输入需要修改的内容即可。如图6-3右框所示（圈2）。

图6-3 模版文字修改示例

图6-3中右侧圈2处，可以调整字体、大小及颜色；圈2处可调整文字特效、透明情况、字格式属性、元素动效、动态特效及排序等。

第 5 步：图片修改。鼠标点击某图片，还可以替换图片、调整图片属性等。具体情况如图 6-4 所示。

图6-4　模版图片修改示例

图 6-4 中左侧“图片”栏中有“替换图片”“裁剪”“抠图”“美化”“翻转”“形状裁剪”“特效”“阴影”“透明度”“元素动效”“动态特效”等属性供大家选择使用，其中“抠图”功能大幅度提升图片处理效率。另外，在“滤镜”栏中，还可以选择各类“滤镜”效果，功能非常强大且齐全。

第 6 步：背景修改。鼠标点击背景（圈 1）处，进入修改图片基本属性状态。如图 6-5 所示。

图6-5　模版背景修改示例

界面画布处修改成宽 3400px、高 1700px；另外，还可以调整画布颜色及替换背景图片。

第 7 步：保存与下载。待以上操作完成后，请在页面顶部找到"保存"按钮保存，然后在右上角找到"无水印下载"，点击后选择不同格式文件下载即可使用。

其他说明：1. 左侧栏功能项目包括：特效字、功能字、素材、照片、表格图表、背景、页面动效、视频素材、音乐素材、上传等，可用于自主全新设计海报图。2. 右上角如找不到"无水印下载"，请自行将账号升级为收费会员即可。

随着科技的发展，像这样功能性、工具性兼备的网站越来越多。本人撰写的简易教程，希望给大家起到一个抛砖引玉的作用，如需要深度研究，还请大家自行探究。

不同场景灵活用　发布效率高起来

宜昌市教育信息技术中心　雷鸣

　　"互联网＋班级"的实施，其中最关键、最麻烦的一环就是如何提高发布效率。众多老师因为录入工作烦琐、量大的问题，最终放弃使用"互联网＋"的方式去优化、升级班级管理工作。如果充分优化发布环节，克服心理障碍，引入信息技术，定会为我们的班级管理工作起到极好的减负增效作用。

　　"幸福云教室"系统如何优化发布环节，从而提高发布效率？

一、按通用逻辑，优化基础

　　1. 采用学生姓名拼音首字母排序。"幸福云教室"系统，无论在数据表中，还是在发布环节，都涉及学生姓名信息。采用学生姓名拼音首字母排序，可以方便我们快速查找学生。

　　2. 仿博客（QQ空间）发布界面。博客又名网络日志，2000年开始流行。它是一款网络上发布和阅读的流水记录工具，几乎被所有网民所熟知。采用与它相似的发布界面，让大家有似曾相识的感觉，帮助大家克服技术困难的心理障碍，更是为了降低操作难度。

　　3. 统一各智慧工具发布界面。系统目前现存上百款智慧工具，电脑发布页采用统一样式的发布界面，按照学生、分类、单图、备注说明等项目依次排列，但是各款工具根据发布项目的不同而有所改变。

二、按不同场景，优化个性化

　　1. 按全班学生单条或批量发布。

　　（1）如需发布全班信息，可全选（全不选）班级学生，然后批量发布信息。

（2）如只需发布某位学生信息，按拼音快速查找学生，可单条或多条一起发布信息，如图6-6所示。

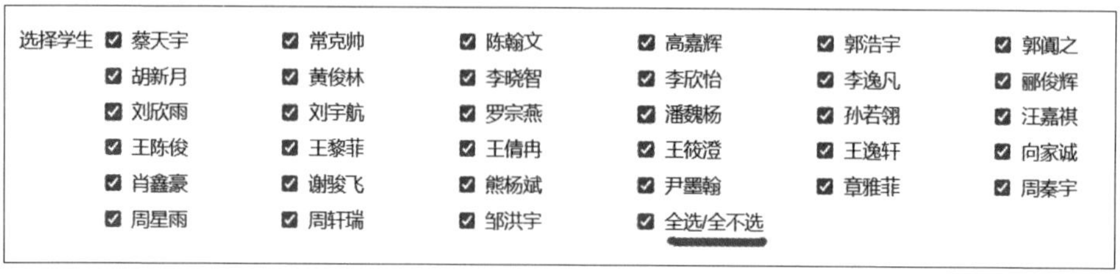

图6-6 按全班学生信息发布界面

2. 按小组学生单条或批量发布。

（1）有时候小组某位同学只有一条信息，那么可通过"全组不选"发布界面发布信息，再按拼音快速查找学生，然后发布信息。如某同学课堂上表彰或惩罚性记录，如图6-7所示。

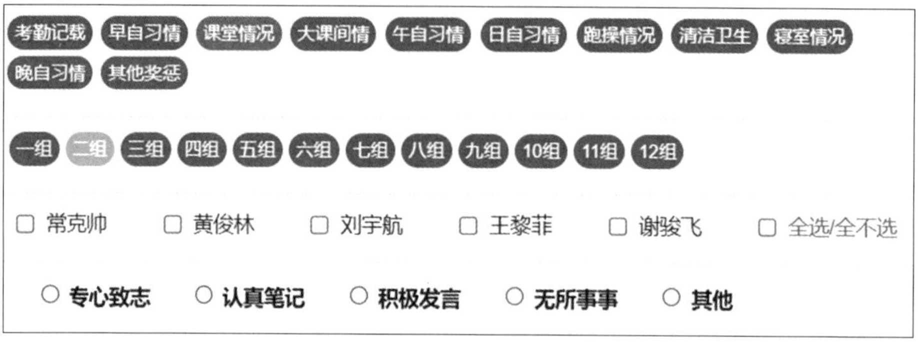

图6-7 "全组不选"信息发布界面图

（2）有时候需要发布全组信息，可直接使用"全组选"发布界面发布信息，免去多点一次"全选"按钮的操作，如图6-8所示。

| 考勤记载 | 早自习情 | 课堂情况 | 大课间情 | 午自习情 | 日自习情 | 跑操情况 | 清洁卫生 | 寝室情况 |
| 晚自习情 | 其他奖惩 |

| 一组 | 二组 | 三组 | 四组 | 五组 | 六组 | 七组 | 八组 | 九组 | 10组 | 11组 | 12组 |

☑ 常克帅　　☑ 黄俊林　　☑ 刘宇航　　☑ 王黎菲　　☑ 谢骏飞　　☐ 全选/全不选

○ 专心致志　　○ 认真笔记　　○ 积极发言　　○ 无所事事　　○ 其他

图6-8　"全组选"信息发布界面图

3. 使用 Excel 快速批量导入海量信息。

如需要在短时间发布成百上千条信息，采用 Excel 导入是最好的选择，如图 6-9 所示。

电子表格的导入采用了混合录入模式，即各种不同工具、不同栏目的信息可以放在一起导入，但是要对不同工具和栏目 ID 做好设定。

学生姓名	工具ID	对应工具分类ID	奖惩分数	备注说明
哲城	20	105	4	填写说明与备注
明明	11	60	2	填写说明与备注

图6-9　Excel导入模板界面图

导入信息时，第一行不可删除，演示数据可以删除。说明：（1）学生姓名必须和系统内（导入时学生姓名）一致，名字前后及中间不可有空格，如需系统内学生姓名表，请在"导入学生信息"页面处导出系统学生姓名；（2）模型 ID 和分类 ID 必须填写，请于"导入记录"页面查询；（3）混合导入数据时，模型 ID 和分类 ID 必须匹配；（4）奖惩分数与备注说明必须填写一项，否则不能正常导入；（5）只要有一条数据出错，就不能正常导入。

模板制作好后，进入"导入记录"页面，选择已做好的 Excel 文件，提交即可完成信息的发布。

4. 丰富的电脑端发布方式。

（1）有独立的电脑管理端，独立的电脑管理端采用了可执行文件格式（exe），只需要将其复制到指定 Windows 系统电脑下即可使用，无烦琐的安装与卸载过程，还不会破坏系统注册表。另外，学生可将其复制到家中电脑，利用独立的电脑管理端，学生也很容易参与到班级管理中来。（2）"幸福云教室"系统接入了"钉钉"。在相应机构电脑钉钉工作台便能找到班级管理入口，对于习惯使用"钉钉"地区可以极好地与本校工作衔接。（3）"幸福云教室"系统也接入了"微信公众平台"。此情况与电脑钉钉情况相似，接入"微信公众平台"使连接家长更加便捷。

5. 利用主流 APP 手机端发布。

"幸福云教室"系统接入微信、钉钉后，便可使用手机微信、手机钉钉入口发布信息，很大程度满足了一些老师使用手机端管理班级信息的需求，实现了随时随地发布班级信息，大大提升发布信息的效率。

总之，针对不同情况，不同场景在发布环节完成了大量优化工作。这些优化使发布信息的工作控制在 1 分钟内完成，最大限度地提升了发布班级信息的效率，提升了班级管理的效能。

各种海报周设定 构建文化出心裁

远安县职业教育中心学校 张文勇 远安县第一高级中学 张勇

设定好"唯一机器码"后，如何在不同时间里，各终端上自动展示"幸福云教室"各智慧工具生成的班级海报呢？可以通过"屏保按周定时"功能来实现。首先我们来了解班级海报。

一、班级海报介绍

"幸福云教室"各类班级海报采用横向、满屏、多种纯颜色（明亮、正能量足）背景交替出现、分栏显示；一般以每 8 秒 1 屏，每屏 1 ～ 4 条信息，在班内循环滚动播报。

二、"屏保按周定时"设计为目的

"屏保按周定时"功能设计的目的是为了解决以周为单位，实现每天电脑自动打开不同的海报（系统提供上百种海报），进而构建别样的班级文化，同时减轻班主任手动更换海报的负担。

三、"屏保按周定时"设置与更改

登录班级管理工具，左侧栏目找到"班级 & 学生信息 — 当前班级 — 屏保按周定时"页面，先选中某项班级应用，然后选择星期几，提交设置即可。例如，选择"每周之星"，然后勾选星期一和星期六，那么班级各终端在星期一和星期六自动显示的就是"每周之星"班级海报，无须班主任手动切换。

更改或调整海报显示，请重复以上操作即可。

四、例说"屏保按周定时"设定方案

图 6-10 为某班级一周海报展示设定方案：

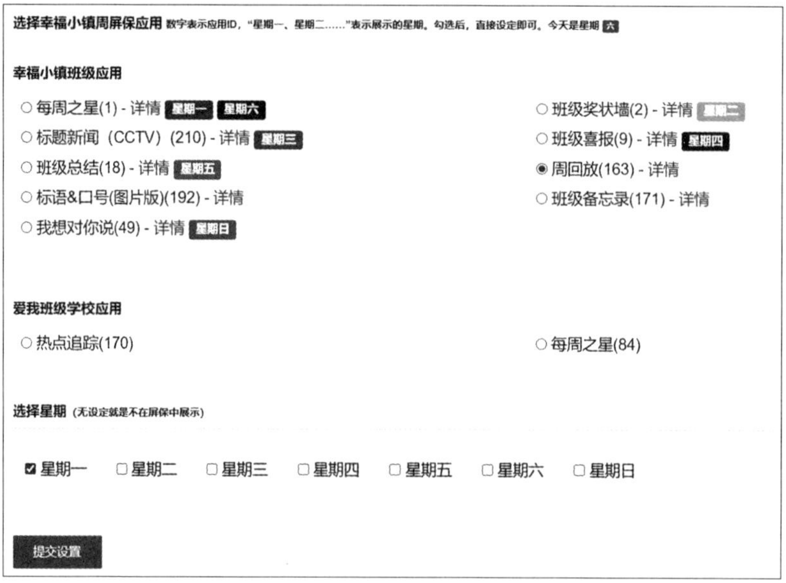

图6-10 某班级一周海报展示

本方案设定结果为：星期一和星期六展示"每周之星"海报，星期二展示"班级奖状墙"海报，星期三展示"标题新闻"海报，星期四展示"班级喜报"海报，星期五展示"班级总结"海报，星期日展示"我想对你说"海报。

班主任老师依据班级管理的实际需要，依托"幸福云教室"中各种班级海报，借助"屏保按周定时"功能，可以构建丰富多彩的班级文化，充分体现班主任和班级特色，促进学生个性化发展。

设定班级连接码　班级互联更直接

远安县第一高级中学 骆元锴 张勇

"幸福云教室"的各智慧工具生成的班级海报，如何自动在各班级教室电脑投影仪或电子班牌上展示给学生呢？这一技术设定离不开班级信息中的连接码设定。

一、什么是连接码

连接码是计算机的唯一编号，是连接系统内班级信息与班级之间的最重要依据。一般取自计算机硬件的序列号，由于连接码源自某些硬件，例如，硬盘、主板或 CPU 等，所以当这些硬件改变时可能导致连接码改变。一般来讲，这些核心硬件是不会被更换的，所以最终连接码一般不会改变。我们利用这一性质，便可将班级信息投放到指定的班级电脑上。

二、查询连接码的三条途径

连接码的查询需要专门的工具。由于连接码只能在特定的机器上查到，所以要查询连接码时，必须将工具拷贝到该电脑上才能查询到。查询连接码有三条途径：

1. 使用专门的连接码查询工具查询。双击打开后便能查看到本机连接码，复制下来即可，然后填写在班级信息页面"唯一连接码"框内即可，如图 6-11 所示。

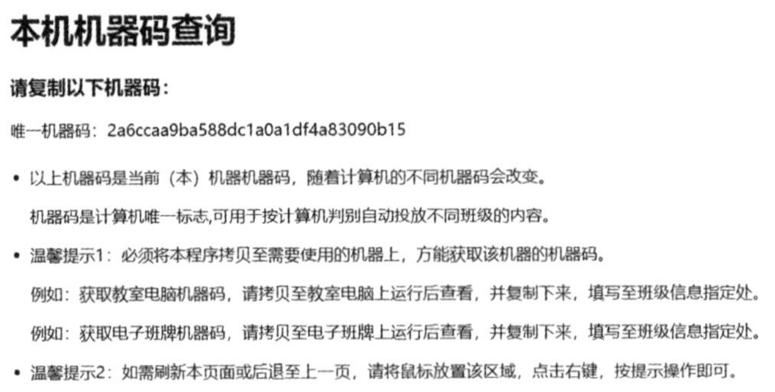

本机机器码查询

请复制以下机器码：

唯一机器码：2a6ccaa9ba588dc1a0a1df4a83090b15

- 以上机器码是当前（本）机器机器码，随着计算机的不同机器码会改变。

  机器码是计算机唯一标志,可用于按计算机判别自动投放不同班级的内容。

- 温馨提示1：必须将本程序拷贝至需要使用的机器上，方能获取该机器的机器码。

  例如：获取教室电脑机器码，请拷贝至教室电脑上运行后查看，并复制下来，填写至班级信息指定处。

  例如：获取电子班牌机器码，请拷贝至电子班牌上运行后查看，并复制下来，填写至班级信息指定处。

- 温馨提示2：如需刷新本页面或后退至上一页，请将鼠标放置该区域，点击右键，按提示操作即可。

图6-11 连接码查询界面

2."登录"页面处查询。在班级管理工具登录页面处，点击"查询连接码"便能查看到本机连接码，复制下来，然后填写在班级信息页面"唯一连接码"框内即可。

3."班级信息编辑"页面处查询。登录班级管理工具，左侧栏目找到"班级＆学生信息 —— 当前班级 —— 班级信息编辑"页面，点击此处"查看本机连接码"，便能查看到本机连接码，复制下来，然后填写在班级信息页面"唯一连接码"框内即可。

三、如何设定连接码

左侧栏目找到"班级＆学生信息 —— 当前班级 —— 班级信息编辑"页面，如图 6-12 所示。

唯一机器码　　2a6ccaa9ba588dc1a0a1df4a83090b15,2a6ccaa9ba588dc1a0a1df4a83090b15

一般使用工具获取教室电脑或者电子班牌唯一机器码然后填写至此。点击此处查看本机机器码。
多个机器码请使用英文半角下的逗号","隔开。例如：
教室电脑唯一机器码：ad9bca35fec25e4a5352ab7937945671
电子班牌唯一机器码：xy9asd35fec25e4a5352ab7937944be0
填写到该处的为：ad9bca35fec25e4a5352ab7937945671,xy9asd35fec25e4a5352ab7937944be0

图6-12 连接码填写框

将找到的连接码复制后，存放在剪切板里，然后粘贴至如图所示框中，保存即可。

四、多终端展示班级信息

如一个班级里存在多个终端，例如，教室白板、教室投影及电子班牌等，"唯一连接码"框中可以设定多个连接码，将这三台机器上查询到的连接码填入即可。

如需要在学校大型电子屏上宣传某个班级，也可以将控制该大型电子屏的电脑连接码加入"唯一连接码"框中，班级信息便能通过学校大型电子屏输出班级信息，年级或学校管理亦可如此。

五、连接码设定小技巧

1. 多终端设备涉及多个连接码，多个连接码须使用英文半角下的逗号","隔开。

2. 目前查询的连接码仅仅适合于 Windows 系统设备。

通过以上对"唯一连接码"的设定，班级信息便可通过"班级海报"或"班级屏保"工具自动展示于班级各类设备上，这样彻底解放班主任双手，不用再每次手动打开"班级海报"，构建班级文化更便捷。

巧设班级海报屏保　点亮教室白板

远安县第一高级中学　罗成　张勇

　　教室电子白板是教室墙壁的一部分。目前，教室电子白板已基本普及。学校经常开展"让墙壁说话"的活动，班主任也经常利用墙壁打造班级文化，充分发挥墙饰的功能。教室电子白板是一块动态的墙壁，因此我们可以通过"幸福云教室"系统，利用"屏保按周设定"的功能，设定每天显示不同的"电脑屏保"，通过电子白板输出，构建动态的班级文化。电子班牌也可以这样利用。接下来介绍如何通过设定"电脑屏保"，让电子白板输出丰富的班级文化内容。

一、"电脑屏保"的由来及演变

　　"电脑屏保"顾名思义就是保护电脑显示。如果您在工作，突然有事离开，而电脑未关，电脑将一直保持您的屏幕状态，那么 CRT 显示器（阴极射线显像管）的电子枪就长时间地按照这样固定的扫描。长此以往，CRT 显示器的屏幕就会烧出疤痕。为此，Windows 在 3.0 就开始有这个功能，它是动态的，不会烧出疤痕。但现在用了液晶显示器，此功能的效果也就意义不大了。

　　后来对"电脑屏保"赋予了新的功能，保护屏幕显示的内容。当您需要临时离开，却又未关闭电脑时，可直接使用屏保，也可以在等待 15 分钟（系统默认）自动显示屏保，然后配合密码，便可保护电脑里的内容。这样使用屏保，你的内容别人无法看到，从而保护了隐私。我们可进一步利用电脑开机状态，系统默认 15 分钟（可设定）便会显示屏保这一功能，从而显示"班级海报"，构建班级文化。

二、"电脑屏保"文件的准备

常见的"电脑屏保"可以使用一组班级图片循环播放，也可利用制作的 PPT，将其转化为 WMV 格式，然后设置成屏保。这些都是静态的，内容无法自动更新。所以"幸福云教室"采用了将"班级海报"制作成 SCR "电脑屏保"文件，进而依据不同时间段，动态显示不同的"班级海报"，作为班级"电脑屏保"。

三、"电脑屏保"的设定

下载"幸福云教室"的"电脑屏保"文件→鼠标放置在"电脑屏保"文件上→点击"右键"→选择"安装"→ ，跳出如图 6-13 所示界面→按照自身需要设定后确定即可。

图6-13 屏幕保护程序设置

图 6-13 中"等待"框中设定自己理想的等待时间（鼠标不动的时间长度），由于每节课时间在 40～45 分钟，建议设定时间为 10～15 分钟为宜，以免频繁进入"电脑屏保"影响教师课堂电脑的正常使用。如"电脑屏保"异常，可通过"更改电源设备"解决问题。

通过以上将"班级屏保"设置成"电脑屏保"的办法，可充分利用电子白板输出丰富的班级文化内容，进而让教室白板为高效构建班级文化做出贡献。

班级海报定时开　解放双手真实用

远安县第一高级中学 李婷婷

依靠"幸福云教室"等智慧工具生成的"班级海报"可以很好地构建班级文化，如果频繁依靠手动打开"班级海报"显然很不现实。因而除了前面介绍的"电脑屏保"被动打开"班级海报"之外，还可以利用 Windows 系统"任务计划"功能定时打开"班级海报"，也可以利用第三方"定时打开"软件定时打开"班级海报"。

主要介绍如何利用 Windows 系统"任务计划"功能定时打开"班级海报"。

一、设定定时打开"班级海报"任务

1. 找到"任务计划"功能按钮所在。找到"控制面板"→"管理工具"→打开"任务计划程序"，如图 6-14 所示。

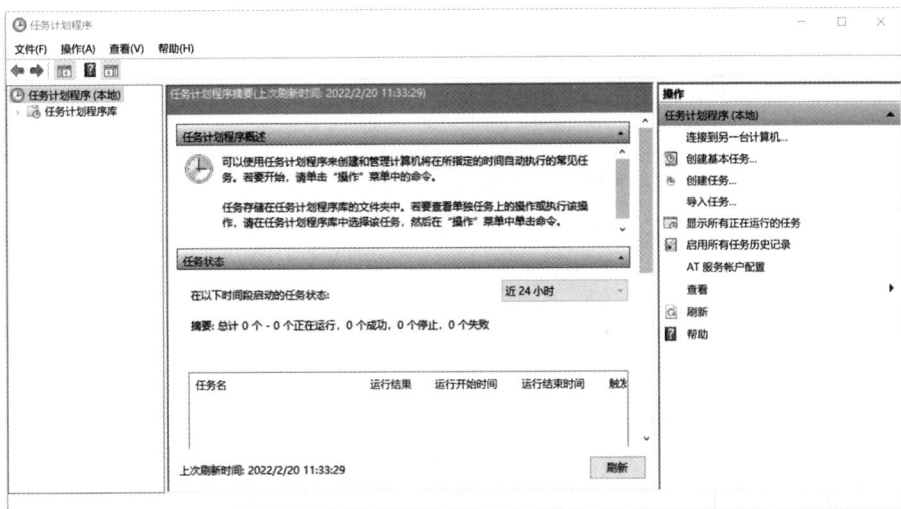

图6-14 任务计划程序界面

2. 右侧栏目点击"创建任务"，跳出如下界面，填写名称"班级定时打开海报"，其他不填写，如图 6-15 所示。

图6-15 创建任务界面

3. 图 6-15 中，顶部找到"触发器"，然后点击"左下角"新建，跳出一窗口如图 6-16 所示。

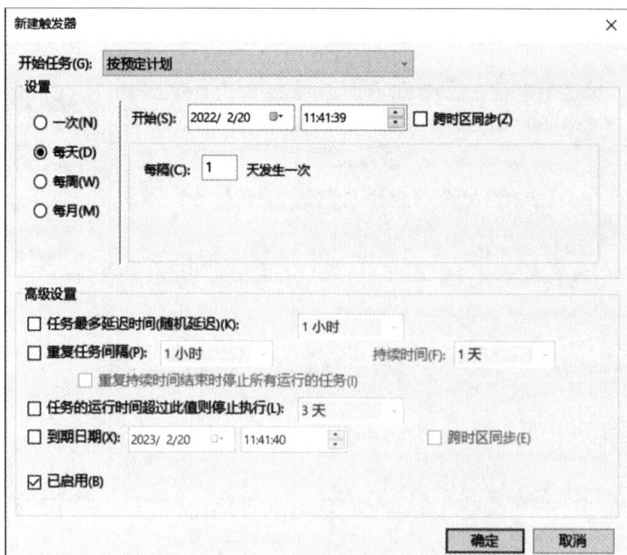

图6-16 新建触发器界面

图6-16可按一次、每天、每周、每月设定打开"班级海报"的时间。其他参数大家可依据实际需要自行设定。同一任务可新建多条打开规则,如图6-17所示,设置了每日、一次、每周及每月四条规则,这些规则可以同时存在。

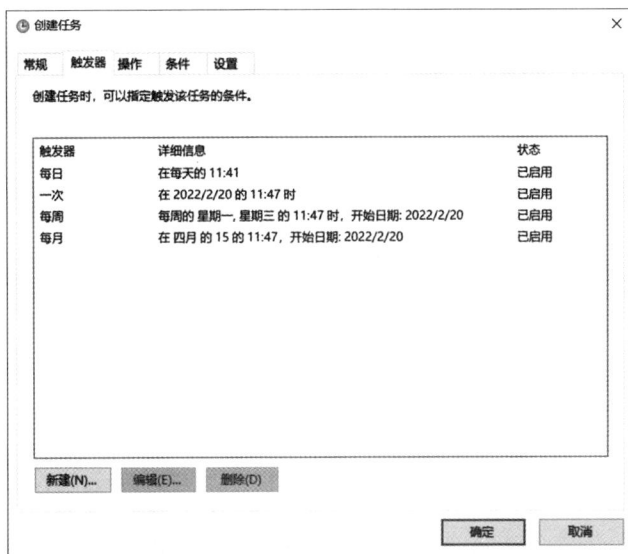

图6-17 创建多条打开规则任务

4. 图6-17框中,顶部找到"操作",然后点击"左下角"新建,跳出一窗口,如图6-18所示。

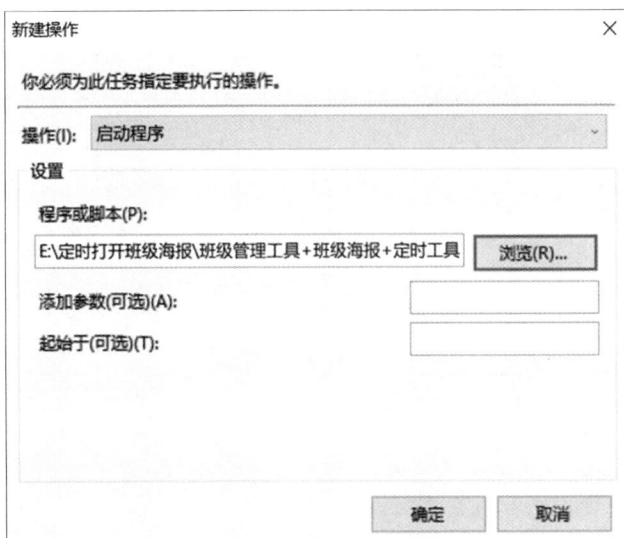

图6-18 新建操作界面

然后选择"浏览"，找到"班级海报"程序，然后点击确定，回到以下页面，点击"确定"，如图 6-19 所示。

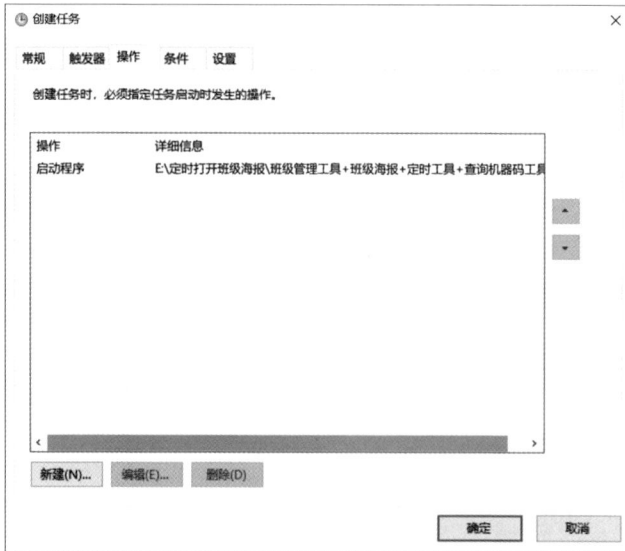

图6-19 选择"班级海报"程序并确定

然后回到以下界面，表示任务创建成功，如图 6-20 所示。

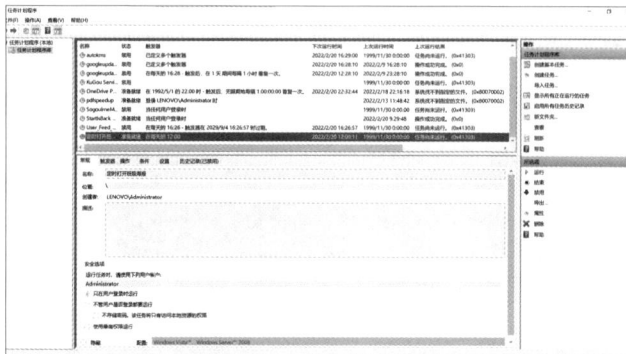

图6-20 任务创建成功

二、导出定时打开"班级海报"任务信息

找到"控制面板"→"管理工具"→打开"任务计划程序"→点击左侧"任务计划程序库"→找到并选中"定时打开班级海报"任务→右侧找到"导出"并点击，然后跳出一窗口，点击保存该 XML 文件即为定时打开"班级海报"任务信息的文件。

三、导入定时打开"班级海报"任务信息

找到"控制面板"→"管理工具"→打开"任务计划程序"→点击左侧"任务计划程序库"→右侧找到"导入任务"并点击，然后找到以上导出的 XML 文件打开，即可完成该任务信息的导入。

以上导出和导入定时打开"班级海报"任务信息操作，是为了方便任务设定的可移植性及操作流程的简便性介绍。

第三方"定时打开"软件定时打开"班级海报"，这种方法操作简单、可移植性强，但是一般有成本，需收费。它们除了定时关机、定时提醒信息，定时切断网络、执行程序、打开文件，禁用注册表、任务管理器、聊天软件，禁止打开指定软件和窗口，自动执行计划任务，还可以用其规范学生操作电脑的行为，有效管控教室电脑使用，或对孩童使用电脑进行监管，限制儿童使用电脑的时间，保护视力，防止浏览不良信息，沉溺电脑游戏。一般采用"计划任务"中"执行程序"功能定时打开"班级海报"。在这里不做详细介绍，这方面的内容，网上教程很多。

下图为添加任务这一界面，图 6-21 中可勾选定时打开的周期（一次、每年、每月、每周、每天），并设定好时间，便能按时打开屏保。

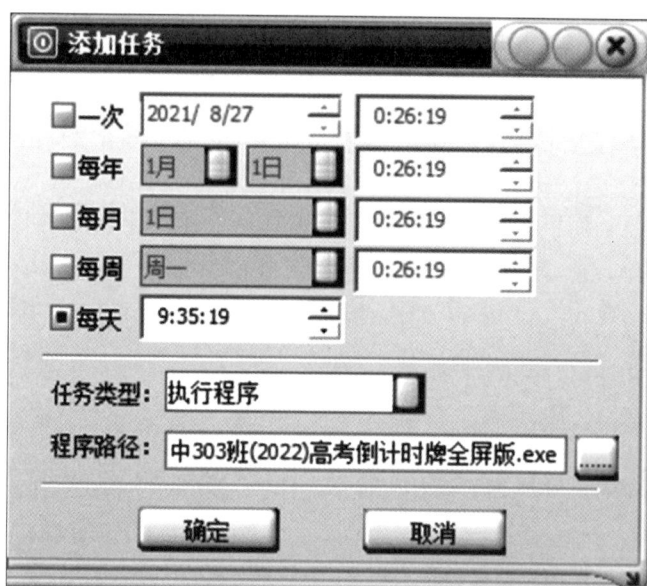

图6-21 添加任务界面

　　无论通过哪种方式定时打开"班级海报"，都有效实现了解放班主任双手、充分利用技术的便捷性构建班级文化、促进学生发展的目的。

智慧工具合理选　考核表格自生成

远安县第一高级中学　高喆　张勇

在"幸福云教室"的智慧工具选择使用问题上，老师们经常会进入一个误区，即一次性选择太多的工具，这样导致教师工作量太大。一款工具对应班级一项具体的项目或活动，如果一次性选择 20 ～ 30 款工具实施的话，就相当于在班内同时实施 20 ～ 30 个项目或活动，教师工作量可想而知，最终导致教师丧失使用智慧工具管理班级的兴趣。因此，合理选用智慧工具尤为重要。一般选择几款或一款工具，就能改变整个班级面貌。

"幸福云教室"的智慧工具采用了 Webapp 模式。需要时，进入班级"智慧工具市场"选择安装，不需要时直接卸载。那么我们如何合理选择智慧工具，服务好班级建设呢？

一、依据班级建设需要选择

为充分挖掘每个孩子身上的闪光点，引导、激励每个孩子养成良好的行为和学习习惯，选择"每周之星"工具，如表 6-1 至表 6-4 所示。为了培养学生早到习惯，选择"每日考勤"工具。为了给学生更多的肯定，可以选择"班级奖状墙"工具，在班内颁发海量奖状。为了设计一面动态的笑脸墙，可以选择"笑脸墙"工具。为了给学生带去温馨的生日祝福，可以选择"班级生日祝福"工具。教师可以依据班级建设的需要，有针对性地选用智慧工具。这些工具可同步使用，也可在不同时间段使用，相互配合，促进班级发展。所选各类工具，自动生成各款的单款工具相应的考核表、全部工具汇总的考核表。这种情况下教师一般会充分利用单款工具相应的考核表。全部工具汇总的考核表由于数据不完整，用途不大。

表6-1 "每周之星"学生及小组积分考核表

所有记录	1组	2组	3组	4组	5组	6组	7组	8组	9组	10组	11组	12组			2024-05-13	2024-05-13		搜索

所有记录	近天	昨天	近7天	本周	上周	近14天	近30天	本月	上月	本季度	上季度	近6个月	本年度	去年度	自定义时间

幸福小镇每周之星全部记录考核分汇总

序号	小组	学生	纪律之星	学习之星	进步之星	管理之星	才艺之星	运动之星	孝顺之星	助人之星	劳动之星	卫生之星	汇总	折合分
1	1组	肖曦蒙	1.00	1.00	2.00	1.00	1.00	1.00	1.00	1.00	2.00	1.00	12.00	0
2	1组	胡新月	1.00	1.00	2.00	1.00	1.00	1.00	1.00	1.00	2.00	1.00	12.00	0
3	1组	刘沥海	1.00	1.00	2.00	1.00	1.00	1.00	1.00	1.00	2.00	1.00	12.00	0
4	1组	樊天宇	1.00	1.00	2.00	1.00	1.00	1.00	1.00	1.00	2.00	1.00	12.00	0
5	1组	王琳俊	1.00	1.00	2.00	1.00	1.00	1.00	1.00	1.00	2.00	1.00	12.00	0
6	2组	刘净帆	1.00	1.00	1.00	2.00	1.00	1.00	1.00	1.00	1.00	2.00	12.00	0
7	2组	王馨益	1.00	1.00	1.00	2.00	1.00	1.00	1.00	1.00	1.00	2.00	12.00	0
8	2组	谢悦飞	1.00	1.00	1.00	2.00	1.00	1.00	1.00	1.00	1.00	2.00	12.00	0
9	2组	常克灼	1.00	1.00	1.00	2.00	1.00	1.00	1.00	1.00	1.00	2.00	12.00	0
10	2组	黄俊林	1.00	1.00	1.00	2.00	1.00	1.00	1.00	1.00	1.00	2.00	12.00	0
11	3组	李映智	1.00	1.00	1.00	1.00	2.00	1.00	1.00	1.00	1.00	1.00	11.00	0
12	3组	颜杨斌	1.00	1.00	1.00	1.00	2.00	1.00	1.00	1.00	1.00	1.00	11.00	0
13	3组	王倩雨	1.00	1.00	1.00	1.00	2.00	1.00	1.00	1.00	1.00	1.00	11.00	0

所有记录	当天	昨天	近7天	本周	上周	近30天	本月	上月	本季度	上学期	近6个月	本年度	去年度	自定义时间

幸福小镇每周之星全部记录考核分汇总

小组	纪律之星	学习之星	进步之星	管理之星	才艺之星	运动之星	孝顺之星	助人之星	劳动之星	卫生之星	原始(平均分)	考核(平均分)	排名
2组5人	5	5	5	10	5	5	5	5	5	10	60 / 12	60 / 12	1
1组5人	5	5	10	5	5	5	5	5	10	5	60 / 12	60 / 12	2
5组5人	5	5	5	5	5	10	5	5	5	5	55 / 11	55 / 11	3
6组5人	5	5	5	5	5	5	10	5	5	5	55 / 11	55 / 11	4
3组5人	5	5	5	5	10	5	5	5	5	5	55 / 11	55 / 11	5
4组5人	5	5	5	5	10	5	5	5	5	5	55 / 11	55 / 11	6
7组3人	3	3	3	3	3	3	3	6	3	3	33 / 11	33 / 11	7

表6-2　"每周之星"学生及小组次数考核表

幸福小镇每周之星全部记录次数汇总

序号	小组	姓名	纪律之星	学习之星	进步之星	管理之星	才艺之星	运动之星	孝顺之星	他人之星	劳动之星	卫生之星	次数汇总
1	1组	向鑫豪	1	1	2	1	1	1	1	1	2	1	12
2	1组	胡慧月	1	1	1	1	1	1	1	1	2	1	12
3	1组	刘欣瑞	1	1	2	1	1	1	1	1	2	1	12
4	1组	蔡天宇	1	1	2	1	1	1	1	1	2	1	12
5	1组	王珍虔	1	1	2	1	1	1	1	1	2	1	12
6	2组	刘宇帆	1	1	1	2	1	1	1	1	2	1	12
7	2组	王翠萍	1	1	1	2	1	1	1	1	2	1	12
8	2组	谢鹏飞	1	1	1	2	1	1	1	1	2	1	12
9	2组	莫克帆	1	1	1	2	1	1	1	1	2	1	12
10	2组	黄俊杯	1	1	1	2	1	1	1	1	2	1	12
11	3组	李嫦娟	1	1	1	1	2	1	1	1	1	1	11
12	3组	郑杨斌	1	1	1	1	2	1	1	1	1	1	11
13	3组	王俊雨	1	1	1	1	2	1	1	1	1	1	11

幸福小镇每周之星全部记录次数汇总

序号	ID	小组	纪律之星	学习之星	进步之星	管理之星	才艺之星	运动之星	孝顺之星	他人之星	劳动之星	卫生之星	次数汇总
1	2	2组	5	5	5	10	5	5	5	5	5	10	60
2	1	1组	5	5	10	5	5	5	5	5	10	5	60
3	5	5组	5	5	5	5	10	5	5	5	5	5	55
4	6	6组	5	5	5	5	5	5	10	5	5	5	55
5	3	3组	5	5	5	5	10	5	5	5	5	5	55
6	4	4组	5	5	5	10	5	5	5	5	5	5	55
7	7	7组	3	3	3	3	3	3	3	6	3	3	33

表6-3 所选全部工具学生及小组积分汇总考核表

| 所有记录 | 1组 | 2组 | 3组 | 4组 | 5组 | 6组 | 7组 | 8组 | 9组 | 10组 | 11组 | 12组 | | 2024-05-13 | 2024-05-13 | 搜索 |

| 所有记录 | 当天 | 昨天 | 近7天 | 本周 | 上周 | 近14天 | 近30天 | 本月 | 上月 | 本季度 | 上季度 | 近6小时 | 本年度 | 台领时段 |

幸福小镇全部记录原始分汇总

导出幸福小镇全部记录原始分汇总

序号	小组	姓名	早自习情况	课堂情况	大课间情况	午自习情况	日自习情况	跑操情况	寝室情况	晚自习情况	考勤记我	源洁卫生考评	其他奖惩	汇总
1	1组	肖鑫豪	1.00	3.00	1.00	1.00	1.00	1.00	1.00	1.00	0.00	1.00	1.00	12
2	1组	胡断月	1.00	3.00	1.00	1.00	1.00	1.00	1.00	1.00	0.00	1.00	1.00	12
3	1组	刘汉雨	1.00	3.00	1.00	1.00	1.00	1.00	1.00	1.00	0.00	1.00	1.00	12
4	1组	蔡天宇	1.00	3.00	1.00	1.00	1.00	1.00	1.00	1.00	0.00	1.00	1.00	12
5	1组	王陈俊	1.00	3.00	1.00	1.00	1.00	1.00	1.00	1.00	0.00	1.00	1.00	12
6	2组	刘宇帆	1.00	3.00	1.00	1.00	1.00	1.00	1.00	1.00	0.00	1.00	1.00	12
7	2组	王擎菲	1.00	3.00	1.00	1.00	1.00	1.00	1.00	1.00	0.00	1.00	1.00	12
8	2组	谢筑飞	1.00	3.00	1.00	1.00	1.00	1.00	1.00	1.00	0.00	1.00	1.00	12
9	2组	熊克帅	1.00	3.00	1.00	1.00	1.00	1.00	1.00	1.00	0.00	1.00	1.00	12
10	2组	黄俊林	1.00	3.00	1.00	1.00	1.00	1.00	1.00	1.00	0.00	1.00	1.00	12
11	3组	李晓智	0.00	3.00	1.00	1.00	1.00	1.00	1.00	1.00	0.00	1.00	1.00	11
12	3组	熊靖斌	0.00	3.00	1.00	1.00	1.00	1.00	1.00	1.00	0.00	1.00	1.00	11

幸福小镇 班级整体情况

| 全部 | 当天 | 昨天 | 前天 | 前两天 | 近7天 | 近14天 | 近30天 | 本测 | 上周 | 上上周 | 本月 | 上月 | 上上月 | 本年度 | 自填时段 | 快速发布 |

小组整体情况

小组	早自习情	课堂情况	大课间情	午自习情	日自习情	跑操情况	课堂情况	晚自习情	考勤记我	清洁卫生	其他奖惩	考核/平均
1组5人	5.00	15.00	5.00	5.00	5.00	5.00	5.00	5.00	0.00	5.00	5.00	60 / 12
2组5人	5.00	15.00	5.00	5.00	5.00	5.00	5.00	5.00	0.00	5.00	5.00	60 / 12
3组5人	0.00	15.00	5.00	5.00	5.00	5.00	5.00	5.00	0.00	5.00	5.00	55 / 11
4组5人	5.00	15.00	5.00	5.00	5.00	5.00	5.00	5.00	0.00	5.00	5.00	60 / 12
5组5人	0.00	15.00	5.00	5.00	5.00	5.00	5.00	5.00	0.00	5.00	5.00	55 / 11
6组5人	0.00	15.00	5.00	5.00	5.00	5.00	5.00	5.00	0.00	5.00	5.00	55 / 11
7组3人	0.00	9.00	3.00	3.00	3.00	3.00	3.00	3.00	0.00	3.00	3.00	33 / 11
汇总	15.00	99.00	33.00	33.00	33.00	33.00	33.00	33.00	0.00	33.00	33.00	378 / 11.5

表6-4 所选全部工具学生及小组次数汇总考核表

幸福小镇全部记录次数汇总

序号	小组	姓名	早自习情况	课堂情况	大课间情况	午自习情况	日自习情况	跑操情况	寝室情况	晚自习情况	考勤记载	清洁卫生考评	其他奖扣	次数汇总
1	1组	肖鑫豪	3	2	1	1	1	1	1	1	1	1	1	14
2	1组	胡晓月	3	2	1	1	1	1	1	1	1	1	1	14
3	1组	刘欣雨	3	2	1	1	1	1	1	1	1	1	1	14
4	1组	娶天宇	3	2	1	1	1	1	1	1	1	1	1	14
5	1组	王陈俊	3	2	1	1	1	1	1	1	1	1	1	14
6	2组	刘宇航	3	2	1	1	1	1	1	1	1	1	1	14
7	2组	王黎菲	3	2	1	1	1	1	1	1	1	1	1	14
8	2组	谢倪飞	3	2	1	1	1	1	1	1	1	1	1	14
9	2组	贺克帅	3	2	1	1	1	1	1	1	1	1	1	14
10	2组	黄俊林	3	2	1	1	1	1	1	1	1	1	1	14
11	3组	李晓智	2	2	1	1	1	1	1	1	1	1	1	13
12	3组	熊祐斌	2	2	1	1	1	1	1	1	1	1	1	13
13	3组	王倩丹	2	2	1	1	1	1	1	1	1	1	1	13

幸福小镇全部记录次数汇总

序号	小组	早自习情况	课堂情况	大课间情况	午自习情况	日自习情况	跑操情况	寝室情况	晚自习情况	考勤记载	清洁卫生考评	其他奖扣	总次数
1	1组5人	15	10	5	5	5	5	5	5	5	5	5	70
2	2组5人	15	10	5	5	5	5	5	5	5	5	5	70
3	3组5人	10	10	5	5	5	5	5	5	5	5	5	65
4	4组5人	15	10	5	5	5	5	5	5	5	5	5	70
5	5组5人	10	10	5	5	5	5	5	5	5	5	5	65
6	6组5人	10	10	5	5	5	5	5	5	5	5	5	65
7	7组3人	6	6	3	3	3	3	3	3	3	3	3	39
序号	次数汇总	81	66	33	33	33	33	33	33	33	33	33	444

二、依据班务日志需要选择

　　每个班级里都有一本"班务日志",但班务日志内容不尽相同。班务日志内容一般包含考勤记载情况、早自习情况、课堂纪律、大课间情况、午自习情况、日自习情况、跑操情况、清洁卫生情况、寝室情况、其他情况。教师可以按照这10个方面设计10款工具(这10款工具可以定制),每款工具都需要我们从为班级服务的角度考虑,从而设计统计的类目(类目教师可以自行设定),选择使用这十款应用工具,便会形成一本个性化的电子班务日志并生成各单款工具相应的考核表、全部工具汇总的考核表，如表6-5所示。

表6-5 10款工具学生及小组积分汇总考核表

此类型的各单款工具相应的考核表与全部工具汇总的考核表相互配合使用，通过单款工具相应的考核表可查询到具体类目的情况用于班级管理。例如，迟到情况、上课提问情况等。利用全部工具汇总的考核表进行每周、每月立足数据表的班级总结，指导班级管理工作。如有必要，可将当天生成的班务日志页信息通过钉钉群机器人定时推送至家长群，供家长随时了解学生在校情况。

三、依据教学日志需要选择

不同学科的教学日志所包含的智慧工具各有特色。例如，英语教学管理集成了考勤记载、早自习情况、课前读书、背诵记载、课堂情况、作业记载、考试奖励及其他情况等8款智慧工具，而生物教学管理则集成了课前读书、背诵记载、课堂情况、作业记载、考勤记载、考试奖励、课前情况、课中情况、课后情况及其他情况等10款智慧工具。其他各学科只是对应的工具及工具统计分类不同而已，工具可依据学科需要而设定，统计分类则依据教师自身管理需要而自行设置，如表6-6所示。

表6-6　10款工具学生及小组积分汇总考核表

四、依据学生学业完成情况需要选择

目前，"互联网+"教学已经大踏步向个性化教育方向发展，它通过学生在线学习及在线检测情况，分析出学生的薄弱环节，然后向学生推送相关微课、错题、例题，供学生再次学习及练习，提升学生学习的针对性，以提高学生的学习效率。这种批量化处理，因选题、选课不够精细化，造成了效率低下并未达到预期情况。在"幸福云教室"系统中，学业完成情况统计日志，教师依据学生历次作业及考试掌握知识情况，通过该工具统计学生知识点掌握情况，从而为学生提供个性化微课、例题，从而有效提升学生学业成绩。所生成图标与以上班务日志及教学日志类似。

五、依据考核需要选择

"年级日常规管理"工具，依据年级考核班级的考核表而设计的，是一款能实时记录、自动汇总、定时提醒，辅助年级管理工作的工具。以远安县第一高级中学年级对班级的考核表为例，考核表中包含"班主任到岗、安全情况、常规纪律、奖励情况、考勤记载、寝室纪律、文明礼仪、班歌情况、午休情况、学风情况、用电开窗"11 个方面。将这 11 个方面设计并制作成 11 款智慧工具，每款工具负责统计各班级与该工具相关的信息，统计项目设定根据年级管理实际需要进行设定。例如，"用电开窗"工具的项目设定主要为"开窗通风、用电情况"等；"文明礼仪"工具的项目设定主要为"校服穿着、文明交往、仪容仪表、集会纪律"等；"常规纪律"工具的项目设定主要为"进餐零食、上午课间纪律、下午课间纪律、晚课间纪律、眼保健操、倒垃圾情况、顶撞老师、抽烟喝酒、使用手机"等。这 11 款工具会形成一张汇总的考核表，供年级组考核各班级，如表 6-7 所示。

表6-7 年级对班级考核分汇总表（某天）

此类型可以将当天生成的日志页通过钉钉群机器人定时推送至班主任钉钉群，供班主任查询班级当天详细情况。班主任只需要打开信息就可以很清晰地看到各个班级的总得分和各项明细情况，给班主任管理提供了明确方向。系统自动汇总形成考核表具有正确性高、实时更新的优点，同时极大地节省了手动计算考核结果的时间。

总之，合理选择好智慧工具，科学设计好统计分类，依靠电脑自动统计、汇总及生成数据表的功能，便能极大程度降低教师的工作量，有效提升班级管理及教育教学的效果。

信息分类条理清，查询信息真便捷

宜昌市教育信息技术中心 雷鸣 远安县第一高级中学 张勇

教师如能坚持运用"幸福云教室"系统（每星期有 4 天至少发布一条消息，记合格周一次），随着时间的推移，系统中就会积累成百上千甚至上万条记录，那么为老师们提供条分缕析的查询方式显得至关重要。下面介绍"幸福云教室"系统快速查询各类信息的方法。

一、账号基础信息查询

登录账号后，在工作台页能直观地查阅到当前班级学生数、班级总数、教师名下学生总数、当前班级消息数、教师名下消息数、当前班级记录数、教师名下记录数、当前班级累计判分分数、教师名下累计判分分数；账号授权到期天数及日期、登录次数及最后登录时间、活跃天数（某天发布一条以上消息，记活跃天数一天）、兑换班级次数、班内学生总财富数。此页面还包括各种使用技巧快捷键介绍、机器连接码查阅。

二、学生相关信息查询

学生信息按照班级查询，每次只能查询当前班级学生信息。如需查询其他班级相关情况，就在右上角"切换班级"后再查询。查询内容一般包含学生基本信息姓名、联系电话、所在班级、关联学生信息用户列表（家校合作对象）、学生分组信息查阅与编辑。

三、班级列表信息查询

在班级中心页面，列出了隶属当前教师的班级列表。通过班级列表，可以查阅班名、班主任（教师）、当前班级学生数，并可通过编辑页面，查阅和编辑该班级是否为默认班级、类别、入校时间、建班时间、中高考或小升初时间、本机连接码（关联班级与电脑的字符串）、访问状态等参数。

四、常见激励页查询

常见的激励页主要包括动态擂台榜、班级段位等级表、班级电子奖牌墙、班级荣誉证书墙、班级奖章勋章墙等。

动态擂台榜（光荣榜）展示班内积分最多的前12名学生姓名及照片的大屏海报，可当天、本周、本月循环滚动展示，类似于教室内张贴的光荣榜，可以取代纸质的光荣榜。

班级段位等级表，依据积分自动生成的总积分、等级、段位名、相应勋章及对应段位奖励说明等，本表包含班级与小组两张表，依据学生姓名首字母排序，用于激励学生成长，可以取代纸质的段位等级表。

班级电子奖牌墙，展示了学生因所获积分最终获得电子奖牌数，一般1分对应1枚铜牌、10分对应1枚银牌、100分对应1枚金牌，金、银及铜牌图表可以依据班级管理需要进行更换。

班级荣誉证书墙，是由学生历次所获表彰的证书构成的荣誉墙。该墙由系统自动生成，每页由12张证书构成，由12频构成，每间隔10秒循环滚动一次，每次展示最新的144张荣誉证书，该墙与传统的班级奖状墙形式无差别，但它是实时动态更新的，无须学生手动管理，只须定期展示即可。

班级奖章勋章墙，是由学生历次所获表彰的奖章勋章构成的荣誉墙。该墙也是由系统自动生成，每页由4张证书、12频构成，每间隔10秒循环滚动一次，每次展示最新的48枚奖章勋章。该墙与传统的奖章勋章墙形式无差别，但它实时动态更新，无须学生手动管理，只须定期展示即可。

五、各类班级大屏海报查询

几乎每一款工具都对应有一组班级大屏海报，如"我想对你说"，展示的是老师、亲人、同学对学生说的话，或者学生自己对自己所说的话；"高考倒计时"展示的高考倒计时情况；"班级喜报墙"展示学生历次所得喜报情况；"励志宣言墙"展示集成学生所写宣言的大屏海报；等等，这些海报依据班主任（教师）带班的实际需要，供老师们有目的地选用。

六、查询与学生和小组相关的数据表

通常一款工具包含四张总表，即学生分数汇总表、小组分数汇总表、学生次数汇总表及小组次数汇总表，每种表都包含按天、周、月及任意时间段查询的功能。如果多工具复合使用，则再增加两张总表，分别为学生全项目分数汇总表、小组全项目分数汇总表。这些表供班主任（教师）带班的实际需要选用。

七、家校合作相关数据表查询

首先，提供家长信息关联学生信息的列表页，展示学生被哪些亲人所关注，供班主任（教师）备查；其次，家长和学生都可按照工具分类，查看学生历次记录情况，一般形式为图文并茂式的家长手机海报；最后，家长的信息阅读率表，表示家长们阅读信息的情况，供班主任（教师）了解家长们关心孩子的情况。

八、班级银行相关情况查询

班级积分银行简称为班级银行，此处查询信息包含班级银行简介（如银行行长、管理成员、管理制度、货币单位、货币形式、兑换制度等）、积分商

城（物品与特权列表、物品与特权兑换信息列表）、货币兑换（货币样式、货币兑换信息列表）、学生资产排行等信息查询。

九、各消息与记录详细情况查询与删除

此处记录班主任（教师）所发布的原始消息列表，对于错误消息，可在此处找到相关消息进行删除。删除消息的同时会删除消息下全部记录，消息不支持编辑修改，要么删除，要么保留。由于每条消息下面可能包含多条记录，对于只是部分判错情况，可以考虑只删除部分记录，不必删除整条消息，再重新发布。

为实现班级管理工作减负增效，方便班主任（教师）使用，目前暂提供以上几种查询方式，希望这些信息能起到优化班主任工作的作用。后期，我们还会继续依据班主任（教师）的使用情况，不断优化当前各类查询页，同时也会依据使用实际需要不断新增查询页，力争为班主任（教师）提供全面的服务。

邀请家长来关联 家校共育心连心

远安县第一高级中学 张勇

"幸福云教室"系统已接入"微信"和"钉钉",截至2021年1月,"微信"已经拥有10亿用户。选择"微信"连接家长,实行"家校共育"非常方便,可以免除APP推广与安装的麻烦。以下就已接入"微信"的"幸福云教室"系统为例,谈一谈如何通过邀请家长关联学生信息,架起家校共育连心桥。

一、制作学生信息,导入电子表格模板并导入学生信息

1. 制作电子表格模板。首先下载"导入模板",解压"example_student.rar"文件(初次运行时遇到障碍,请选中该文件后,右键选择"管理员取得所有权"后,再行解压即可),然后打开"example_student.xls"文件,将学生姓名及手机号复制至电子表格第一列和第二列,第三列学号可填写可不填写,保存即可。最终形成的电子表格界面如图6-22所示。

	学生姓名	联系手机	学号
1	学生姓名	联系手机	学号
2	舒适	13888888888	
3	钦睿	13888888889	

图6-22 学生信息电子表格模板

2. 导入学生信息。点击"选择文件",选择刚编辑好的"example_student.xls"文件,然后点击"导入学生信息"即可。导入信息界面如图6-23所示。

图6-23 导入学生信息

如导入不成功，请检查学生手机号格式是否正确。

另外，右上角也可以通过"导出学生信息"按钮导出学生信息，导出后的电子表格包含学生姓名、手机号、学号及验证码。为了增强安全性，验证码对每位学生而言各不一样，后面需要依靠学生姓名、手机号及验证码关联学生信息，与学生信息关联后才能查阅到该学生所在班级的信息。

二、邀请家长注册，关联学生信息

首先邀请家长通过不同的二维码（微信、钉钉及 QQ 三种），扫码进入"家长中心"，家长注册账号，然后在信息关联页处填写前面导入的学生姓名、手机号及验证码，保存后即可查阅该学生在班内消息。

三、家长查询学生在校表现信息

对于班级通知类消息，家长们即时查看并回复消息，采用强提醒无可厚非，但是"幸福云教室"系统中学生各种在校表现信息，家长们无须即时查看并回复消息。为避免因信息量大而刷屏、漏看，建议家长们采用静默方式查阅，即在闲时全面系统地查阅与分析，无须对所送达的信息即时响应。也可以采用技术手段，定期向 QQ 群、钉钉群或微信群定时推送页面链接，提示家长查询，班主任（教师）不必为家长未能及时查看而烦恼。

以钉钉群为例，班主任首先打开手机钉钉中本班家长钉钉群，点击右上角"…"，在群设置里找到"智能群助手"，进入小钉下的"定时消息"，然后点击底部的"新建定时消息"，然后按格式设置，如图 6-24 所示。

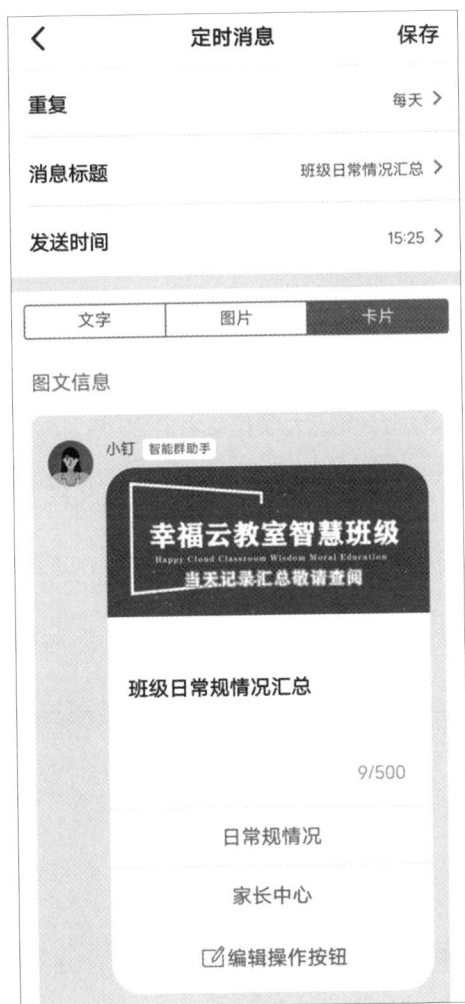

图6-24 智能群助手定时消息设置

左图"重复"项，请选择"星期几"发送消息，"消息标题"项请填写"学生在校表现"，"发送时间"项请填写需定时发送的时间。

点击添加图片，请选择一张代表班级含义的图片。请输入文本处，做出消息说明，例如，"查阅学生在校表现，首先注册，然后登录即可。"

点击"编辑操作按钮"，填写"按钮文案"，一般为"学生在校表现"，将"每日日志"的链接，复制后粘贴至"按钮内容"，然后点右上角保存即可。

左图设定时间为每天15：25，钉钉群每天按照所设定时间定时推送所设定信息至该钉钉群。

注意：每条消息最多能设置三条链接信息，不需要时可以将推送消息关闭，关闭后便不会自动推送至群。

　　"幸福云教室"系统通过互联网，将家长与学校连接起来，然后通过关联学生信息，将家长与自己的孩子关联起来。通过优化访问方式、定期提醒等措施，可以卓有成效地实现家校合作。此过程，一方面可减轻家长们查阅信息的压力，同时较完美地将班级管理延伸至家庭。

参考文献

一、书籍类

[1] 倪俊杰. 在微信上建学校 [M]. 重庆：重庆大学出版社，2016.

[2] 郭春光. 微信公众号运营与推广一册通 [M]. 北京：人民邮电出版社，2016

[3] IDKW图解中心. 一本书看懂互联网教育 [M]. 北京：人民邮电出版社，2016.

[4] 张仁贤. 如何打造品牌班级 [M]. 北京：世界知识出版社，2017.

[5] 吴砥，尉小荣. 国际教育信息化典型案例 [M]. 北京：北京师范大学出版社，2017.

[6] 李镇西. 爱心与教育 [M]. 广西：漓江出版社，2018.

[7] 吴小霞. 班主任微创意——59招让班级管理脑洞打开 [M]. 上海：华东师范大学出版社，2018.

[8] 李素芹，易炜. 立德树人的理性阐释与经验叙事 [M]. 武汉：湖北人民出版社，2020.

[9] 许月良. 解决关键问题：轻松带班的39个微创意 [M]. 天津：天津教育出版社，2020..

二、报纸杂志

[1] 余志立，马红霞. 班级管理的四个阶段 [J]. 教学与管理，2003（20）：12.

[2] 丁兴富. 基础教育信息化的突破口：从校校通到班班通 —— 革新课

堂教与学的新生代技术（1）[J]. 电化教育研究，2004（11）：8—12.

[3] 丁兴富，蒋国珍. 白板终将替代黑板成为课堂教学的主流技术——革新课堂教与学的新生代技术（2）[J]. 电化教育研究，2005（05）：21—26.

[4] 邹红. 论班级管理中的信息和信息系统 [J]. 大众科技，2005（09）：151—152.

[5] 薛春波. "班级超市"管理之我见 [J]. 班主任之友（小学版），2009（07）：18—19.

[6] 何起凤. 巧用颁奖词建设班集体 [J]. 班主任之友，2009（12）：22—23.

[7] 李淑霞. 如何有效发挥奖状的激励作用 [J]. 班主任之友（中学版），2012（03）：38—39.

[8] 刘惠敏. 从"＋互联网"到"互联网＋"的教育思考 [J]. 软件导刊（教育技术），2016（01）：44—45.

[9] 宋仕军. 构建"三化"德育形态 [J]. 湖北教育，2016（03）：67.

[10] 杨策，刘益东. 中国互联网教育发展历程研究 [J]. 河北师范大学学报（教育科学版），2017（06）：78—83.

[11] 李洁，刘兵. 班级"积分超市"的魅力 [J]. 新班主任，2017（07）：43—44.

[12] 张玉石. 班主任工作"心"思路 [J]. 班主任之友（中学版），2017（09）：7—10.

[13] 宋行军. 发挥家长学校作用 帮助家长科学教子 [J]. 家长，2017（09）：50—51.

[14] 曹梦婷. 基于"互联网＋"环境下的班级德育管理研究 [J]. 甘肃教育，2018（08）：42.

[15] 王运武，黄荣怀，杨萍，王宇茹. 改革开放40年：教育信息化从1.0到2.0的嬗变与超越 [J]. 中国医学教育技术，2019（01）：1—6.

[16] 王运武，黄荣怀，杨萍，李璐，王宇茹. 改革开放40年中国特色教育技术学的回顾与前瞻 [J]. 现代远程教育研究，2019（01）：18—27.

[17] 邹佳叡. 论"互联网＋"背景下中小学教师角色的转型 [J]. 西北成人教育学院学报，2019（04）：72—75.

[18] 阮慧怡."互联网＋班级管理"新型家校合作的实践与探索 [J]. 课程教育研究，2019（14）：32.

[19] 王国辉. 编制纪念册 寄寓教育理想 [J]. 河北教育（德育版），2020（06）：34.

[20] 周晓敏. 互动课堂，让教学更智能 ——"互动课堂"教学小妙招 [J]. 电脑知识与技术，2020（03）：179—180.

[21] 方丹平. 小郭与积分制的故事 [J]. 班主任之友（小学版），2021（11）：22—24.

[22] 张勇."互联网＋"视域下重构班委会 [J]. 中国多媒体与网络教学学报（下旬刊），2021（11）：234—235.

[23] 刘玉升. 打造信息化生态，助推教师信息素养提升 [J]. 学苑教育，2022（02）：9—10.

[24] 李小叶. 小学班级自主管理中"奖章式"评价策略初探 [J]. 学周刊，2022（02）：165—166.